LE

MÉCANICIEN CONSTRUCTEUR

PARIS. — IMP. SIMON RAÇON ET COMP., RUE D'ERFURTH, 1.

LE

MÉCANICIEN CONSTRUCTEUR

OU

ATLAS ET DESCRIPTION DES ORGANES DES MACHINES

ŒUVRE POSTHUME DE **LE BLANC**

PROFESSEUR ET CONSERVATEUR DES COLLECTIONS AU CONSERVATOIRE DES ARTS ET MÉTIERS
MEMBRE DE LA LÉGION D'HONNEUR, ETC.

Ouvrage à l'usage des Écoles d'Arts et Métiers

ET FORMANT LE COMPLÉMENT

DU CHOIX DE MODÈLES APPLIQUÉS A L'ENSEIGNEMENT DU DESSIN DES MACHINES

PUBLIÉ PAR Mme LE BLANC

La première Partie revue, corrigée et augmentée par M. FÉLIX TOURNEUX, Ingénieur, ancien Élève de l'École polytechnique

LA DEUXIÈME ET LA TROISIÈME PARTIE

PAR M. L. CHAUMONT

ANCIEN ÉLÈVE DE M. LE BLANC

Et premier Prix du Conservatoire des Arts et Métiers, auteur d'ouvrages sur le Dessin industriel, de l'Atlas universel de Machines, etc.

OUVRAGE HONORÉ D'UNE SOUSCRIPTION MINISTÉRIELLE

TEXTE

PARIS

LIBRAIRIE SCIENTIFIQUE, INDUSTRIELLE ET AGRICOLE DE LACROIX

Réunion de l'ancienne Maison MATHIAS et du COMPTOIR DES IMPRIMEURS

15, QUAI MALAQUAIS, 15

L. CHAUMONT, RUE SAINT-ANDRÉ-DES-ARTS, 33

1860

Il existe déjà un assez grand nombre de recueils de machines, et presque tous ont un mérite réel ; mais presque tous aussi ont un défaut capital : ils sont composés sans ensemble et nullement, comme cela devrait être, dans une pensée unique d'instruction essentiellement élémentaire et pratique.

La publication du *Mécanicien Constructeur*, quoique tardive, vient donc remplir une lacune. Elle était d'ailleurs attendue avec d'autant plus d'impatience, que cet ouvrage est la suite et le complément nécessaire du *Choix de Modèles appliqués à l'enseignement du dessin des machines*, livre élémentaire, aux mains de tous ceux qui font de la mécanique une étude sérieuse pour arriver à une application intelligente.

L'auteur du *Choix de Modèles*, notre habile et si regretté professeur, M. Le Blanc, avait conçu depuis longtemps le plan du *Mécanicien Constructeur*. C'était, pour ainsi dire, le résultat de ses recherches et de ses travaux ; le public allait bientôt en jouir, lorsqu'une mort prématurée vint l'enlever aux arts dont il avait si puissamment activé le progrès. Des circonstances qu'il serait trop long d'expliquer ici, et qui, d'ailleurs, seraient sans intérêt pour le public, ont retardé malheureusement la publication de cette œuvre importante. Mais sa veuve n'avait jamais cessé de considérer l'exécution du dernier travail de son mari comme l'accomplissement d'un devoir sacré, et, dès qu'elle le put, elle chargea de cette mission MM. Félix Tourneux et L. Chaumont.

Pour répondre dignement à la confiance de Mme Le Blanc, MM. Tourneux et Chaumont se sont religieusement attachés à conserver le plan que l'auteur s'était tracé. Conformément à ses intentions, le *Mécanicien Constructeur* est divisé en trois parties.

La première partie traite des matériaux servant à la construction des machines, de leur choix, de leurs proportions, qui doivent toujours être déterminées en raison des efforts auxquels ils sont exposés dans les transmissions de mouvement. Après ces notions préliminaires, qui forment à la fois l'introduction et le premier chapitre de l'ouvrage, on traite des pièces secondaires qui se retrouvent dans presque tous les assemblages mécaniques, puis, en particulier, de quelques organes principaux, tels que les arbres, les paliers, les supports, les coussinets de toute espèce, tels que les crapaudines, colliers, boîtes à graisse, etc., etc.

La deuxième partie offre un travail complet sur les engrenages, les poulies, les tambours, les courroies, cordes et chaînes, les rouleaux de friction, etc., etc.

Les volants, les régulateurs, les excentriques, les manivelles simples et accouplées, les bielles et les balanciers forment le sujet de la troisième et dernière partie.

Nous terminons ce travail si complet par quelques notions sur l'ensemble des bâtis, des pièces principales des machines et des vues d'ensemble d'établissements représentant des communications et transmissions de mouvement, dont les différents organes ont été représentés dans le cours de l'ouvrage.

Nous espérons que le public trouvera dans cet ouvrage la même exactitude et le même talent qui ont mérité à son auteur la réputation que ses précédentes publications lui avaient acquise dans les arts.

Nous renvoyons pour tous les tracés et constructions graphiques des engrenages, des balanciers, etc., au *Choix de Modèles*, dont cet ouvrage est le complément, et, pour l'étude approfondie de la plupart des organes dessinés dans notre Atlas, au beau *Recueil de Machines*, du même auteur, continué par L. Chaumont, où ces mêmes machines se trouvent représentées dans les plus grands détails.

TABLE DES MATIÈRES

CONTENUES DANS LE MÉCANICIEN CONSTRUCTEUR

PREMIÈRE PARTIE

CHAPITRE PREMIER.

CHAPITRE II.

CHAPITRE III. — *Des arbres.*

CHAPITRE IV.

DEUXIÈME PARTIE

CHAPITRE PREMIER. — *Des engrenages.*

CHAPITRE II. — *Courroies, cordes, chaînes, poulies et tambours.*

TROISIÈME PARTIE

CHAPITRE Ier. — *Volants, régulateurs, excentriques.*

CHAPITRE II. — *Manivelles, bielles, balanciers et bâtis.*

LE MÉCANICIEN CONSTRUCTEUR.

CHAPITRE Ier.

CONSIDÉRATIONS GÉNÉRALES.

Une machine est un appareil qui sert à transmettre la force d'un moteur à l'outil chargé d'exécuter un travail quelconque. Ce travail peut consister à élever un poids, à séparer des corps adhérents entre eux, à déformer ces corps par le choc ou par le frottement, à comprimer des fluides élastiques. Non-seulement une machine n'augmente pas la force de son moteur, mais encore elle ne le transmet pas tout entier à l'outil. Cette force primitive se divise en deux parts, l'une que l'on nomme force ou *travail utile*, parce qu'elle est employée à vaincre les résistances de la matière qu'il s'agit d'élaborer, et l'autre que l'on nomme force perdue, ou *travail nuisible*, parce qu'elle est absorbée par les résistances de toute espèce provenant des chocs et frottements des diverses pièces de l'appareil les unes contre les autres. Mais si une machine n'augmente pas la force absolue d'un moteur, elle peut en modifier les effets de mille manières. Le produit d'une force s'estime par un nombre qui est le résultat de la multiplication de la masse qu'elle peut mettre en mouvement par la vitesse qu'elle peut en même temps imprimer à cette masse. Soit M cette masse, V cette vitesse, le produit MV présentera la valeur de la force. Ce produit restera le même si, M augmentant dans une certaine proportion, V diminue en même temps dans la même proportion. Ainsi prenons par exemple $m = 3$ M, et $v = \frac{1}{3}$ V. Le produit mv sera égal au produit MV, car $mv = 3\text{ M} \times \frac{1}{3}\text{ V} = \text{MV}$.

Supposons, par exemple, qu'une roue, dont la circonférence aurait 3 mètres de longueur développée, soit mise en mouvement avec une force telle qu'elle accomplisse un tour entier dans une seconde, en soulevant un poids de 100 kilogrammes attaché à une corde qui s'enroulerait sur la jante de cette roue: si une autre roue d'un mètre de circonférence était soumise à la même force que la première, elle pourrait, en accomplissant sa révolution dans le même temps, soulever un poids de 300 kilogrammes, qui serait attaché à une corde s'enroulant autour de la jante, ou bien elle pourrait accomplir trois fois sa révolution dans une seconde en soulevant le poids de 100 kilogrammes. De même la première roue, en faisant trois tours par seconde, ne pourrait plus soulever que 33 kil. 33. En effet dans ces divers cas le produit reste toujours égal à 300, ainsi qu'il est facile de s'en assurer en effectuant les diverses multiplications. Or ce nombre est la mesure de la force que l'on considère.

Le but des machines est de pouvoir faire varier à volonté, par le nombre et les dimensions de leurs organes, les termes au moyen desquels on peut toujours recomposer le produit MV, qui donne la mesure de la force du moteur.

Les mouvements qu'exécutent les machines peuvent tous se rapporter à deux espèces principales : le *mouvement continu* et le mouvement *alternatif* ou de *va et vient*. Chacun d'eux est en outre *rectiligne* ou *circulaire*. Il est très-rare qu'on ait besoin de s'occuper, dans les machines, de mouvements qui s'effectueraient suivant des courbes compliquées, la combinaison de ces quatre propriétés donnant une assez grande variété pour satisfaire à peu près à tous les besoins. Nous aurons occasion de revenir sur ces divers mouvements dans la suite de cet ouvrage.

Toute machine est composée d'une série de pièces, les unes mobiles, les autres fixes, qui se commandent et se servent de support les unes aux autres. Chacune de ces pièces peut être simple ou composée de plusieurs parties travaillées à part, et réunies ensuite de manière à former soit un assemblage à demeure, soit un assemblage qui puisse se démonter promptement.

Il y a donc, dans la construction des machines, à s'occuper de deux choses : les formes et dimensions des pièces, et les divers modes d'assemblage de ces pièces entre elles.

La détermination des diverses formes ou dimensions des pièces des machines est basée sur deux considérations principales : la nature des matériaux employés dans leur construction, et les efforts qu'elles ont à supporter. Satisfaire aux conditions de solidité et de durée, tout en donnant à l'appareil une certaine élégance et la plus grande légèreté possible, tel est le problème que doit chercher à résoudre le constructeur.

SECTION PREMIÈRE.

Matériaux.

Les matériaux employés de préférence pour les machines sont : le fer et ses diverses combinaisons (1) ou alliages avec des corps étrangers et leurs mélanges, le cuivre et ses alliages, le zinc, l'étain, le potassium, le nickel

(1) Il y a *combinaison* entre deux corps lorsque leurs molécules mises en présence réagissent les

et le plomb, le bois, les cordages, les cuirs, les mastics de plomb et de fonte, l'huile, les graisses, la plombagine, etc.

Le potassium et le nickel ne s'emploient qu'à l'état d'alliage. Le zinc, l'étain et le plomb s'emploient de même ou comme enveloppes et enduits. Le plomb sert en outre à faire des joints.

Article Ier. — Fer et ses combinaisons.

Fer. — Il ne faut employer dans les machines que de bon fer, car les mauvaises pièces cassent généralement au montage ou à la mise en train d'une machine, c'est-à-dire lorsque le constructeur est encore responsable. Les bons fers appelés dans le commerce *fer doux*, *fer fort*, *fer nerveux*, *fer fibreux*, doivent présenter, à la cassure, du nerf et des parties crochues et déliées. Ceux dont la cassure est lamelleuse et présente des facettes plus ou moins grosses doivent être rejetés : ce sont des fers cassants à froid ou à chaud, et que l'on nomme, suivant leurs divers défauts, *fer aigre*, *fer de couleur*, *fer noir*, *fer cuivreux*, *fer rouvrain.*

Le fer du commerce n'est jamais absolument pur. Il contient toujours une certaine proportion de matières étrangères, telles que le carbone, le soufre, le phosphore, le manganèse, qui altèrent ses propriétés naturelles.

Le fer manganésié est ductile à froid, et cassant à chaud.

Le fer phosphorescent est cassant à froid et ductile à chaud.

Le fer sulfureux est cassant à froid et à chaud ; c'est le plus mauvais de tous.

Les fers peuvent aussi présenter plusieurs défauts provenant des matières étrangères dont ils n'auraient pas été complétement débarrassés par la fabrication ; ces défauts sont les *doublures*, les *pailles*, les *cendrures*, les *crics* et les *travers*. Les doublures et les pailles sont dangereuses, car elles proviennent d'une interposition de matières étrangères entre deux parties de fer incomplétement soudées. Quant aux autres défauts, tels que les grains ou crevasses, ils déparent le fer plutôt qu'ils ne nuisent à sa qualité.

Envisagés en raison de la manière dont ils sont fabriqués, les meilleurs fers pour les pièces des machines sont ceux fabriqués par les méthodes allemande et catalane.

Dans l'une et l'autre méthode, les fers sont fabriqués au bois et mar-

unes sur les autres de manière à former de nouvelles molécules constituant un corps tout à fait différent des deux premiers.

Il y a *alliage* lorsque les deux corps, sans changer de nature, sont mélangés de manière à se toucher, molécule à molécule.

Il y a simplement *mélange* lorsque le contact des deux corps a lieu par masses et non par molécules.

telés. Elles diffèrent en ce que dans la méthode allemande la fabrication du fer se fait par le traitement des fontes fabriquées au bois, tandis que dans la méthode catalane le traitement du minerai a lieu de manière que le fer en soit directement extrait. La méthode catalane est employée en Corse et dans les Pyrénées, et la méthode allemande, dans la Franche-Comté, l'Isère, le Nivernais et le Berry.

Après ces fers, viennent ceux fabriqués à la houille avec des fontes au bois, et martelés. Ce mode de fabrication, appelé méthode *champenoise*, est pratiqué dans la Champagne, les Vosges et la Bourgogne.

Les fers de troisième qualité sont ceux fabriqués à la houille avec des fontes au bois et laminés. Ce mode de fabrication est employé dans les usines de Fourchambault, à Abainville et Châtillon-sur-Seine. Les fers qui conviennent le moins aux pièces de machines sont ceux fabriqués à la houille avec des fontes au coke, et laminés par la méthode *anglaise*.

Les fers de *Comté* sont considérés dans le commerce comme les meilleurs. Après eux, viennent les fers de Berry; puis, ceux de Champagne; ensuite, ceux des Vosges, ceux de Bourgogne, et enfin ceux des Ardennes.

Les fers martelés portent aussi le nom de fers *marchands*, et se divisent en trois classes : les *gros* fers, les *moyens* fers et les *petits* fers. Chacune de ces classes se subdivise en *fers plats*, *bandages*, *maréchal* et *fers carrés*, excepté la dernière qui ne donne point de bandages.

Leurs dimensions, suivant la classe à laquelle ils appartiennent, sont :

Les fers plats.	0m,06	à 0m,15	sur	0m,010	à	0m,020
	0,04	à 0,06	—	0,008	à	0,012
	0,03	à 0,04	—	0,007	à	0,009
Les bandages.	0,06	à 0,08	—	0,015	à	0,030
	0,054	à 0,07	—	0,010	à	0,015
Le maréchal.	0m,035	à 0m,040	sur	0m,014	à	0m,015
	0,030	à 0,036	—	0,010	à	0,0014
	0,025	à 0,030	—	0,008	à	0,0012
Les fers carrés.	0,025	à 0,06				
	0,020	à 0,025				
	0,015	à 0,020				

Les fers laminés se divisent en fers n° 1, n° 2, n°3 et n° 4. Le fer n° 1, ou fer dégrossi, est celui qui a été amené à l'état de barres au sortir des feux d'affinerie. Lorsqu'il provient de fontes fabriquées au bois, il est généralement d'une assez bonne qualité pour être directement transformé en fer n° 3; mais s'il a été fabriqué avec des fontes au coke, ou s'il est de qualité inférieure, on le transforme d'abord en fer n° 2 ou fer *ballé*. La fabrication du fer n° 3 se fait ordinairement par un mélange du fer n° 1 et du fer n° 2. Les échantillons de ce groupe portent aussi le nom de billettes ou bidons. Enfin, le fer n° 4, ou fer *fini*, comprend les différents fers marchands que l'on obtient par le réchauffage ou le corroyage des produits des trois groupes précédents.

Le fer est en outre livré dans le commerce sous forme de fils de différentes grosseurs, et le fer laminé sous diverses formes, tels que *fers de fenderie* ou *feuillards*, etc., et la tôle.

La tôle, suivant son épaisseur, se divise en tôle *forte*, *moyenne* et *mince*. La tôle très-mince se nomme fer noir, et fer-blanc quand elle est enduite d'étain. L'épaisseur de la tôle mince varie de 1/2 à 3 millimètres; celle des tôles moyennes, de 3 à 6 millimètres, et celle des tôles fortes, de 6 à 12 millimètres et au-delà.

Les différents degrés auxquels on chauffe le fer pour le travailler sont : le rouge brun (recuit), — le rouge cerise, — le rouge blanc (chaude grasse), — le blanc soudant (chaude suante).

Le premier degré s'emploie pour détruire l'écrouissement que les pièces finies et forgées ont subi pendant le travail. Le deuxième degré s'emploie pour les pièces déjà forgées, mais qui ayant quelque défaut de construction, demandent à être retravaillées. Le troisième degré s'emploie pour les fers qu'on veut travailler et façonner en pièces. Le quatrième degré s'emploie pour souder deux morceaux de fer, c'est-à-dire les joindre l'un à l'autre de manière à ne plus former qu'un seul morceau.

Fonte. — On divise les fontes en deux grandes catégories : les *fontes blanches* et les *fontes grises*.

Les *fontes blanches*, ainsi nommées à cause de la couleur que présente leur cassure, sont cassantes et dures à travailler : aussi ne les emploie-t-on guère que pour la fabrication du fer.

La *fonte grise*, appelée aussi *fonte de moulage*, est celle que l'on emploie pour les pièces de machines. Elle est d'un gris noir-bleuâtre; sa cassure est grenue; elle est faiblement ductile et élastique; elle se travaille aisément au burin et à la lime; elle donne un son sourd au marteau. Sa fusion est plus facile que celle de la fonte blanche; on peut la fondre plusieurs fois sans lui faire perdre cette propriété, pourvu que l'on ait la précaution de la maintenir à l'abri de l'air et de la laisser refroidir lentement. La fonte grise refroidie subitement après la coulée devient blanche. Cette dernière propriété, qui dans certains cas est un grave inconvénient, peut aussi rendre d'éminents services : ainsi l'on fait quelquefois des moulages dits *en coquilles*, dans lesquels le sable des moules est remplacé par une enveloppe en fonte froide, qui, refroidissant rapidement celle que l'on verse dedans, la blanchit. La fonte grise versée dans un moule pour produire une pièce de machine, a, lorsqu'elle est refroidie, des dimensions moindres que celles du modèle; ce retrait varie, avec la qualité de la fonte, de $\frac{1}{69}$ à $\frac{1}{100}$.

Les fontes fabriquées au bois et celles fabriquées au coke peuvent se mélanger et donner de meilleures fontes que si on les employait séparément.

Le mélange des fontes grise et blanche s'appelle *fonte truitée*.

Acier. — On distingue plusieurs espèces d'acier : l'acier de cémentation, l'acier naturel, l'acier fondu et l'acier de Wootz.

L'acier de cémentation est celui qu'on obtient en faisant chauffer des barres dans des caisses de poterie et entourées d'un cément de charbon et de craie.

On fait subir généralement à l'acier deux cémentations. La seconde a pour but de le rendre plus homogène, susceptible d'un plus beau poli, et capable de se souder à lui-même. L'acier de seconde cémentation se nomme *acier à l'éperon.*

L'acier de cémentation est réservé à la fabrication des limes et outils. Soudé au fer, il sert à armer des marteaux, des ciseaux et des enclumes. Si le fer qui a servi à sa fabrication est manganésié, l'acier qui en résulte est élastique et s'emploie convenablement pour faire des ressorts et lames de scie.

L'acier naturel s'appelle aussi *acier de forge*, *acier de fusion*, *acier de verre*, et *acier d'Allemagne*. Il s'obtient en traitant directement le minerai de fer dans les fourneaux catalans, ou bien en affinant la fonte

Cet acier contient une certaine proportion de verre siliceux qui le rend plus dur que le précédent, mais ses éléments sont imparfaitement mélangés. Cependant il se forge et soude bien, et comme il est d'un prix inférieur à tous les autres, il est très-répandu et sert aux usages les plus communs.

L'*acier sauvage* est une des variétés de l'acier naturel : il est dur, non soudable, immalléable, et sert à fabriquer des filières.

L'acier fondu contient, comme le précédent, une certaine quantité de verre siliceux, mais plus considérable et mieux mélangée. On l'obtient en fondant de l'acier naturel ou de cémentation avec du verre, ou en fondant un mélange de fer, de verre et de carbonate de chaux. C'est de tous les aciers le plus homogène : aussi l'emploie-t-on à faire des burins, des instruments fins et tranchants. Il est dur, difficile à forger, et se soude très-difficilement.

L'acier Wootz se prépare à *Bombay*, dans les *Indes*. Il est fusible et d'une dureté extrême, propriétés qu'il doit à la présence de la silice. La forge le détériore moins que les autres, aussi l'emploie-t-on à faire des *lames de sabre* et des *damas*, en le faisant entrer dans ce qu'on nomme *étoffe* : l'étoffe est un mélange de lames minces de fer et d'acier intercalées, soudées ensemble dans cet état, et forgées ensuite : dans ce mélange, l'acier fournit la dureté, et le fer la ténacité.

Marques distinctives de différents aciers.

Acier de cémentation : — Deux rasoirs — l'éperon — le double marteau — le double sauvage.

Aciers naturels. — Sept étoiles, mais de deux espèces : de Prusse, avec le nom de Smith Born ; du duché de Berg, avec le nom de Frantzen.

Aciers fondus. — Aciers Huntzmann, venant d'Angleterre et faits avec des fers de Suède. . . . .

Acier fondu et *stubs* venant d'Angleterre. . . . .

Article II. — Cuivre et ses alliages.

Cuivre. — Le cuivre du commerce est rarement entièrement pur; il contient le plus souvent, quoique en petite quantité, du protoxide de cuivre, du fer, du carbone, de l'antimoine et du plomb ; pur, le cuivre est ductile, mais les matières étrangères, par leur présence, altèrent en lui cette propriété.

Le cuivre vient principalement de Russie, d'Angleterre, de Suède, d'Amérique, de Belgique et d'Espagne. Le plus estimé vient de Russie.

Cuivre et potassium. — Le potassium allié au cuivre donne une matière facile à travailler et excellente pour les chaudières à vapeur et les tuyaux de conduite.

Cuivre et zinc (laiton). — Le laiton ou cuivre jaune n'est pas mou comme le cuivre rouge, quoiqu'il soit encore malléable à un certain degré ; il se travaille mieux que ce dernier à la lime et au tour, mais ne supporte pas aussi bien une température élevée. Soumis au frottement du fer, il s'use sans se déformer ni gripper. Il sert principalement à faire les stuffing-box et les coussinets ; on l'emploie avec avantage à la confection des tuyaux. Dans les locomotives il sert à faire les tubes de circulation de la fumée. Le laiton jouit d'une propriété contraire à celle de l'acier, c'est de devenir très-mou lorsque après l'avoir chauffé on le refroidit subitement, et, au contraire, d'acquérir par un refroidissement lent une grande dureté.

Bronze (cuivre et étain). — Le bronze est au cuivre ce que l'acier est au fer. Il est d'une couleur jaune orangé, peu malléable, très-dur à travailler et très-résistant comme pièce de frottement contre le fer ou la fonte. La proportion d'étain par rapport à celle du cuivre varie dans le bronze de 8 à 14 p. 100. Celui qui ne contient 8 p. 100 est malléable.

Métal de cloche (cuivre et étain). — Il est blanc-jaunâtre, et encore plus dur que le bronze. On l'a employé avec avantage pour coussinets de locomotives.

Maillechort (cuivre, nickel et zinc). — Le maillechort est un alliage d'un blanc argenté, dur mais non cassant, assez malléable : c'est le zinc qui empêche cet alliage d'être dur comme le bronze. Le maillechort pourrait s'employer partout où l'on met le laiton, mais son prix est trop élevé.

On peut classer les métaux, employés dans les machines, de diverses manières, d'après leurs propriétés. Dans les tableaux suivants il sonts rangés dans l'ordre qu'ils doivent occuper suivant le degré de chacune d'elles.

1. *Légèreté.*	Densités.	2. *Ténacité.*	Résistance à la traction par 1 c e de section au moment de la rupture.
Zinc.	7,000	Fer.	4,300
Étain.	7,291	Cuivre..	2,100
Fer..	7,788	Zinc.	860
Cuivre..	8,788	Étain.	332
Plomb..	11,352	Plomb..	130

3. *Ductilité.*	4. *Malléabilité.*	5. *Résistance à la lime.*
1° Fer.	1° Cuivre.	1° Fer. . . . .
2° Cuivre. . . .	2° Étain.	2° Zinc. . . . .
3° Zinc.	3° Plomb.	3° Cuivre. . . .
4° Étain.	4° Zinc.	4° Etain. . . . .
5° Plomb. . . .	5° Fer.	5° Plomb. . . .

6. *Conductibilité de la chaleur.*		7. *Prix de revient.*	
Cuivre.	1,000	Cuivre.	6,00
Fer.	0,416	Étain.	3,00
Zinc.	0,405	Plomb.	1,20
Étain.	0,337	Fer.	1,00
Plomb.	0,200	Zinc.	0,60

Article III. — Bois.

Équarrissage des bois. — On nomme équarrissage d'un arbre le côté du carré qu'on peut inscrire dans la circonférence de cet arbre, écorce déduite. Voici un tableau qui donne l'équarrissage lorsqu'on connaît le diamètre de l'arbre.

Diamètre en centimètres (écorce déduite) des bois.	Côté du carré.	Diamètre en centimètres (écorce déduite) des bois.	Côté du carré.
15.	11	36.	26
18.	13	39.	28
21.	14	42.	29
24.	17	45.	32
27.	19	48.	34
30.	21	51.	36
33.	24	54.	38

Diamètre en centimètres (écorce déduite) des bois.	Côté du carré.	Diamètre en centimètres (écorce déduite) des bois.	Côté du carré.
57	40	81	58
60	43	84	60
63	45	86	63
66	48	89	64
69	50	92	66
72	52	95	68
75	54	98	70
78	56	100	72

Les bois employés dans les machines sont le chêne, le sapin, le pin, le mélèze, le hêtre, l'orme, l'aulne, l'érable, le peuplier, le tilleul, l'alisier, le charme, le cormier, le gayac et le bois de fer.

Tous ces bois doivent être employés bien secs et après être restés longtemps sur le chantier.

Chêne. — La densité du chêne est 1,17.

Son usage est très-répandu en machines : il sert à faire les arbres, les roues hydrauliques, les supports, les modèles de pièces. On en distingue de plusieurs espèces.

Le *chêne de Bourgogne* est le plus commun et sert à tous les usages; le *chêne des Vosges* se coupe net, mais ne vaut rien comme support : on l'emploie en menuiserie pour les modèles; le *chêne blanc* et le *chêne vert* sont de très-bonnes espèces, mais petites.

Sapin, pin, mélèze. — Ces trois espèces appartiennent au genre des *conifères* et portent le nom d'*arbres verts* ou résineux. Leur densité est d'environ 0,524.

Ils sont légers, résistants, les meilleurs de tous pour les supports, pour les pièces immobiles qui ont à supporter un effort vertical.

Le mélèze, qui est le moins répandu, est le plus résistant des trois.

Hêtre, orme. — Le hêtre a pour densité 0,85, et l'orme 0,67.

L'orme ne vaut rien pour les modèles, parce qu'il ne se découpe pas nettement; mais il est très-bon comme bois de charronnage, et pour les supports qui doivent recevoir des chocs.

Le hêtre aussi est excellent pour les supports exposés à des percussions. Si ce bois n'avait l'inconvénient de pourrir vite, ce serait un des meilleurs pour les machines. Quand il est vert, on peut le sculpter aisément; on en fait des dents d'engrenage.

Aulne, érable, peuplier, tilleul. — Ces différents bois, faciles à travailler, s'emploient pour faire des modèles de pièces.

Le plus pesant de tous est l'aulne, dont la densité est 0,800, et qui résiste bien à l'eau; ensuite vient l'érable, qui a pour densité 0,755; le tilleul, qui pèse 0,604, et le peuplier 0,383.

Alisier, charme, cormier, gayac et bois de fer. — Ce sont des bois durs, surtout le gayac et le bois de fer, dont la densité est de 1,333. Ils servent à faire des dents de roues d'engrenage.

Le charme a à peu près la dureté de l'orme, mais il ne résiste pas si bien à l'eau ; on l'emploie aussi à faire des fuseaux de lanterne, des coins, des essieux.

Le cormier s'emploie pour des presses.

Le gayac et le bois de fer servent pour les coussinets, les poulies et les petites dents d'engrenage.

Article IV. — Cordages.

Les cordages se font en chanvre : ils sont ronds ou plats. La base des cordages est *est le fil de carret;* ce fil s'obtient en filant le chanvre, c'est-à-dire en chevêtrant le plus également possible les fibres du chanvre. Les cordages faits avec les fils de carret se divisent en *grands* et *petits.*

Le petit cordage le plus simple se compose de deux fils de carret *commis* ensemble, c'est-à-dire tordus l'un autour de l'autre. Les petits cordages à trois fils de carret commis se nomment *merlins.* Les grands cordages se divisent en cordages simples ou *aussières*, et cordages composés ou *grelins.*

Les cordages simples se font, en plaçant parallèlement l'un à côté de l'autre, un certain nombre de fils de carret, et les tordant tous ensemble; ces fils ne sont pas commis. Cette réunion de fils de carret se nomme *toron;* en commettant ensemble des torons, qui jouent dans les grands cordages le rôle des carrets dans les petits, on obtient les cordages simples. Les cordages composés s'obtiennent en commettant ensemble des cordages simples.

On fait aussi des cordages métalliques avec des fils de fer ou de laiton, et des cordages composés dont l'âme est en chanvre et l'extérieur en fil de fer ou de cuivre, ou bien encore dont les fils de carrets sont composés de chanvre et de fils métalliques commis ensemble.

Les cordages sont remplacés, dans certains cas, par des chaînes, et, dans d'autres, par des courroies.

Le chanvre est aussi employé dans les machines pour y serrer certaines pièces, telles que des pistons, boîtes à étoupes, etc.

Article V. — Cuirs.

Les cuirs se divisent en *forts* et *souples.*

Les cuirs forts se tirent des grands animaux. On les divise en deux classes : ceux tannés à fond, et ceux qui conservent en leur milieu une partie non tannée, appelée *verdure*, qui leur donne de la flexibilité. Les cuirs forts doivent être éloignés de l'humidité pour se bien conserver. Ils servent à garnir les supports de tourillons, les poulies; ils résistent bien au frottement : on s'en sert aussi pour les clapets de pompe.

Les cuirs souples se divisent en cuirs *gras*, *non gras*, et *hongroyés*.

Les premiers servent aux soufflets de forge; on en fait des garnitures de pistons, des charnières, des courroies. On les obtient en pénétrant le cuir avec des graisses, du suif ou de l'huile.

Les cuirs non gras s'obtiennent en tannant les peaux sans les saturer de tannin comme on le fait pour les cuirs forts. Ils servent à recouvrir des rouleaux, tels que les cardes.

Pour les cuirs hongroyés, on passe le cuir dans l'eau de chaux, puis on le saupoudre avec de l'alun à base de potasse qui contracte le cuir.

Ces cuirs s'emploient quand il s'agit de coudre des peaux l'une à l'autre; ces peaux hongroyées, ainsi cousues, le sont avec du fil de peau hongroyée.

Article V. — Mastics.

Les mastics servent à sceller les joints des machines pour intercepter le passage des fluides élastiques ou liquides. Les principaux mastics sont le mastic de plomb et le mastic de fonte. Le plomb s'emploie aussi aux mêmes usages, soit coulé à chaud, soit en feuilles laminées que l'on refoule pour faire le joint.

Mastic de plomb. — Ce mastic s'emploie souvent avec les feuilles de plomb pour faire les joints des tuyaux. C'est un mélange de carbonate de plomb (céruse) et de sesquioxide de plomb (minium) délayés en pâte molle dans de l'huile de lin. La présence de ces matières dans l'huile de lin a la propriété de la rendre siccative. Ces trois matières étant insolubles dans l'eau, elles empêchent assez bien les fuites.

On prépare le mastic de plomb en dissolvant la céruse dans l'huile de lin; puis, au moment de se servir de mastic, on prend de cette céruse pâteuse, on la saupoudre de minium, et on bat bien le mélange. Le mélange est reconnu convenable, lorsqu'en en formant un petit cylindre et l'étirant, on le voit s'allonger avant de rompre.

Mastic de fonte. — Le mastic de fonte est le résultat d'une réaction chimique qui s'opère entre du soufre et de la fonte en grenaille, mélangés dans une dissolution de sel ammoniac ou hydrochlorate d'ammoniaque. 20 parties de fonte, 1 fleur de soufre, 2 sel ammoniac sans eau, forment un mélange convenable pour ce mastic. La réaction ne s'opère que lentement sans eau : on peut donc former ce mélange d'avance, et, quand on veut s'en servir, on le mouille. L'avantage de ce mastic est de se boursoufler au moment où cette formation de sulfure a lieu, et de devenir à la longue aussi dur que les métaux dont il forme les joints.

Article VII. — Huiles et graisses.

Les huiles et les graisses servent dans les machines à adoucir les frottements des pièces les unes contre les autres. Elles peuvent encore servir à l'obturation complète, dans le cas, par exemple, d'une tige en mouvement qui traverse un obturateur.

Huiles. — Les huiles employées dans les machines doivent être des huiles grasses, c'est-à-dire qui ne soient ni volatiles ni siccatives. Les huiles animales sont très-bonnes pour maintenir les machines en bon état, parce qu'elles oxident très-peu les métaux; l'huile de pied de bœuf s'emploie dans les parties délicates : mais, pour celles qui le sont le plus, on préfère les plus fines des huiles végétales, et particulièrement l'huile d'olive. Les huiles végétales grossières et d'éclairage doivent être écartées; quand elles sont épurées, elles retiennent de l'acide sulfurique qui attaque les métaux.

Graisses. — Les graisses ne diffèrent des huiles que par une consistance variable suivant les saisons et les pays.

Le suif, dans certains cas, et surtout au commencement des mouvements, lorsque les pièces ne sont pas encore échauffées, peut nuire au mouvement par sa solidité : le saindoux est préférable.

Le savon est aussi d'un bon usage. Les graisses doivent être préférées pour les frottements de deux corps susceptibles de se laisser pénétrer par une substance plus fluide telle que l'huile. Le savon s'emploie convenablement pour adoucir le frottement du bois sur bois.

Dans les grandes machines on se sert, pour graisser les dents d'engrenage, de savon noir seul ou mélangé avec de la plombagine (percarbure de fer).

SECTION II.

Résistance des matériaux.

Les efforts que peuvent avoir à supporter les pièces d'une machine sont au nombre de quatre, savoir :

1° Efforts de traction; 2° efforts de compression; 3° efforts transversaux ou de flexion; 4° efforts de torsion.

Article Ier. — Efforts de traction.

Les efforts de traction sont ceux qui tendent à étendre les fibres d'une pièce et à la faire rompre dans le sens de sa longueur, comme ferait, par exemple, un poids suspendu à l'extrémité d'une barre verticale.

La résistance absolue d'un corps à la rupture par traction se détermine par expérience.

Pour tous les corps de même espèce la résistance est proportionnelle à la surface de la section du corps prise perpendiculairement à l'effort de traction. Ainsi, soit f la résistance à la rupture d'un corps dont la section aurait un centimètre carré, s le nombre de centimètres carrés de la section d'un autre corps de même nature, F la résistance de ce dernier à la rupture, on aura :

$$F = f \times s$$

Lorsqu'un corps à l'état de repos résiste à un effort de traction permanente sans que les fibres soient altérées, cet effort ne doit pas excéder la moitié de la charge qui produirait la rupture. Dans les machines, comme il y a des vibrations et des mouvements, l'effort de traction auquel peuvent être soumises les pièces ne doit pas dépasser 1/4 à 1/5 de la charge de rupture.

La résistance d'une pièce à la rupture par traction est indépendante de sa longueur. Toutefois, si la pièce a de fortes dimensions, on doit tenir compte de son propre poids dans l'évaluation des efforts auxquels elle est soumise.

Lorsque la pièce est d'une grosseur variable, on ne doit pas la charger au-delà de la résistance relative à sa plus petite section.

Article II. — Efforts de compression.

Les efforts de compression sont ceux qui s'exercent, par exemple, sur une pièce verticale chargée d'un poids à sa partie supérieure. Ces efforts tendent à écraser la pièce ou à la fléchir si elle est un peu longue. La résistance des pièces à ce genre d'efforts se détermine par expérience.

Sans rapporter ici le résultat de ces expériences, nous nous contenterons de noter que les corps de forme cubique présentent relativement le maximum de résistance, et qu'entre des blocs de diverses formes, dont les bases présentent la même surface, celui qui présentera la plus grande résistance sera celui dont le contour est plus petit; un cylindre à base circulaire sera de toutes les pièces la plus résistante, car le cercle est la plus courte de toutes les lignes qui peuvent circonscrire une surface déterminée.

Article III. — Efforts de flexion.

Ces efforts sont ceux qui résultent de l'application d'une force perpendiculairement à la longueur d'un corps. Le corps soumis à cet effort peut être dans diverses situations qui influent sur l'effet produit.

Nous allons indiquer les formules applicables à ces diverses positions.

Considérons une barre prismatique, c'est-à-dire de grosseur uniforme, et désignons par P la force ou le poids qui tend à la faire fléchir, par l sa longueur, on a pour expression de l'effort de rupture par flexion que nous désignerons par F :

1° Si la barre est encastrée d'un bout et chargée à son extrémité, $F = Pl$.

2° Si la barre sans être encastrée repose sur deux appuis, et est chargée en un point qui la divise en deux parties inégales, $m\ n$ $F = \frac{m\,n}{l}$.

3° Si la barre repose sur deux appuis et est chargée en son milieu ou bien si elle est supportée en son milieu, elle est chargée à ses extrémités d'un poids, $\frac{P}{2}$ $F = \frac{1}{4} Pl$.

4° Si la barre est encastrée des deux bouts et chargée en son milieu, $F = \frac{1}{8} Pl$.

5° Si elle n'est encastrée que par une de ses extrémités, seulement soutenue par l'autre et chargée en son milieu, $F = \frac{1}{6} Pl$.

6° Si elle est supportée par trois appuis et chargée de deux poids égaux également éloignés des appuis, $F = \frac{1}{2} Pl$.

Si au lieu d'un poids unique, on a une série de poids uniformément répartis sur la longueur de la barre et dont la somme soit représentée par P, il faut dans toutes ces formules remplacer P par $\frac{P}{2}$.

Le poids p de la barre agissant lui-même comme une série de poids uniformément répartis dont la somme est égale à p, il faut, pour en tenir compte, remplacer dans les formules P par $P + \frac{p}{2}$.

Il y a équilibre lorsque la résistance de la barre est égale à l'effort auquel elle est soumise; mais cet équilibre ne dépend pas seulement de la position de la barre : il dépend aussi de la forme et de la matière dont elle est composée.

En désignant par R la résistance absolue d'un corps à la rupture par flexion, c'est-à-dire sa résistance pour l'unité de surface déterminée par expérience, et par M la résistance relative à sa forme et à ses dimensions transversales on a :

Pour une barre rectangulaire dont les côtés sont a et b, b étant la base, $M = \frac{R\,a\,b^2}{6}$.

Pour un carré dont le côté est q, $M = \frac{R\,q^3}{6}$.

Si la barre carrée se pose sur une de ses arêtes, $M = \frac{R\,q^3}{6\sqrt{2}}$.

Pour une barre cylindrique dont le rayon est r, $M = \frac{R\pi r^3}{4}$.

Pour un cylindre creux dont r' est le rayon extérieur r'' le rayon intérieur, $M = \frac{R\pi(r'^4 - r''^4)}{4r'}$.

Pour une barre rectangulaire évidée intérieurement, a', b' étant les côtés du rectangle vide, a, b ceux du rectangle plein, $M = \frac{R(ab^3 - a'b'^3)}{6b}$.

Pour une barre dont la section est formée de deux triangles isocèles égaux, q étant le côté, p une diagonale, $M = \frac{Rpq^2}{6}$.

Pour une section triangulaire dont h est la hauteur et b la base, $M = \frac{Rbh^2}{3b}$.

Dans les applications, lorsque l'on détermine les dimensions d'une pièce, pour qu'elle n'éprouve aucune altération, on doit prendre pour R le *tiers* de la valeur donnée plus haut et le *cinquième* de ce même coefficient quand la pièce chargée doit accomplir certains mouvemens ou être sujette aux vibrations. Quelquefois même on descend jusqu'au *dixième* quand les solides sont sujets à des causes de destruction, telles, par exemple, que l'humidité.

Solides d'égale résistance. — On nomme ainsi ceux dans lesquels le rapport de la résistance à l'effort qui tente à la vaincre, est constant pour tous les points de la longueur de la solide.

Deux cas peuvent se présenter : ou bien l'épaisseur dans le sens vertical doit rester constante, alors la section horizontale du solide doit être un triangle;

Ou bien c'est dans le sens horizontal que doit rester l'épaisseur constante, et alors la section verticale du solide est une parabole. Cette dernière forme est très-usitée dans les machines.

Article IV. — Efforts de torsion.

La torsion peut être considérée comme un effort qui tend à faire perdre aux fibres d'un corps leur parallélisme en agissant à l'extrémité d'un bras de levier situé dans une place perpendiculaire au corps.

Dans les machines les pièces soumises aux plus grands efforts de torsion sont les arbres et leurs tourillons.

Nous donnerons, dans le chapitre des arbres, les formules empiriques dont on se sert pour déterminer leurs dimensions en vue de la résistance aux efforts de torsion.

CHAPITRE II.

DES PIÈCES EMPLOYÉES DANS LES ASSEMBLAGES MÉCANIQUES.

Avant de décrire les formes et dimensions des principales pièces de machines, il nous paraît opportun de donner quelques notions sur certaines pièces secondaires qui servent à former et à maintenir les assemblages fixes.

Ces pièces sont : les boulons, écrous, vis, rivets, clavettes, contre-clavettes et instruments de serrage.

SECTION PREMIÈRE.

Boulons, écrous, vis.

Les boulons sont des espèces de tiges ou gros clous en fer portant à leur extrémité un renflement appelé *tête*, et filetés en hélice à leur autre extrémité pour recevoir une espèce de bague également filetée, que l'on appelle *écrou*. La partie comprise entre la *tête* et le *filet* du boulon se nomme le *corps*.

Les boulons servent à réunir ensemble deux ou plusieurs pièces juxtaposées, de manière à les rendre solidaires comme si elles ne faisaient qu'un seul et même corps. On prépare, à cet effet, dans les pièces un trou qui les traverse de part en part, et dans lequel on introduit le boulon. Lorsque celui-ci est en place on introduit son filet dans un écrou que l'on visse jusqu'à ce que la tête du boulon vienne s'appuyer contre la première pièce, en même temps que l'écrou porte contre la seconde.

Souvent, pour augmenter la portée de l'écrou, on le fait précéder d'un disque rond et plat, dans lequel s'enfile le boulon et qui vient s'appliquer contre la pièce sur laquelle serre l'écrou. Ce disque se nomme une *rondelle*.

La vis diffère du boulon en ce que la partie filetée occupe une bien plus grande longueur du corps : quelquefois le corps tout entier de la vis est fileté. En outre, elle ne porte pas d'écrou : c'est la pièce dans laquelle on l'introduit qui lui en sert, soit qu'elle ait été taraudée d'avance, soit que la vis, en s'introduisant dans le trou préparé pour la recevoir, forme elle-même le filet. Ce dernier cas est celui des vis à bois.

Du filet. — C'est la partie la plus importante du boulon. Ses dimensions doivent être calculées d'après l'effort auquel le boulon peut être exposé. Le diamètre du noyau doit être tel que la tension ne soit pas de plus de $2^{k}80$ par millimètre carré de section. En désignant par Q la pression qu'exerce sur le boulon l'effort tendant à disjoindre les pièces assemblées, et par D le diamètre du noyau du filet, on peut le déterminer au moyen de la formule

$$D = 0.675 \sqrt{Q}$$

On nomme *pas* du filet la distance entre deux filets consécutifs, comptés suivant la longueur du boulon. On fait ordinairement le pas de filet égal au sixième du diamètre du noyau dans les petits boulons, au dixième dans les boulons ordinaires, et au dix-huitième dans les plus gros. La saillie se fait égale au pas; cette saillie peut être triangulaire, carrée, ronde ou trapézoïdale. Le filet triangulaire est plus difficile à manœuvrer que les autres; il donne plus de frottement. Aussi ne l'emploie-t-on guère que pour les vis et boulons dont le noyau a moins de 60 millimètres de diamètre; mais il donne un assemblage plus fixe et moins sujet à se desserrer. On peut rendre le filet triangulaire plus facile à manœuvrer en faisant la saillie très-aiguë; toutefois on ne peut guère dépasser une certaine limite sans nuire à la solidité de cette saillie. Dans les vis en métal le triangle générateur du filet est ordinairement le triangle équilatéral.

La série des boulons employés dans les machines comprend treize numéros pour les diamètres du noyau du filet. Ces diamètres sont :

8, 10, 12, 15, 18, 20, 25, 30, 35, 40, 45, 50 et 60 millimètres.

On a quelquefois employé pour les grandes machines à vapeur de navigation des boulons de 80 millimètres de diamètre.

Quelques constructeurs donnent

un pas de	2 millim.	aux boulons de	10 à 15 millim.	de diamètre.
»	3	»	15 à 30	»
»	4	»	35 à 50	»
»	5	»	50 à 60	»

d'autres se servent de la table suivante qui est plus complète et s'accorde d'ailleurs, comme la précédente, avec ce que nous avons indiqué tout à l'heure.

Diamètre du noyau.	Pas du filet.	Diamètre du noyau.	Pas du filet.
8 millim.	1 mill. 3	30 millim.	3 mill. 4
10	1 6	35	3 7
12	1 9	40	4 0
15	2 2	45	4 3
18	2 5	50	4 6
20	2 8	60	5 0
25	3 1		

La longueur de la partie filetée dans un boulon est ordinairement égale à deux fois le diamètre du boulon, ce qui représente environ douze filets. L'épaisseur de l'écrou étant égale à une fois et un tiers ce diamètre, on s'arrange de manière qu'il y ait six filets engagés dans l'écrou et trois en saillie de chaque côté, de manière à pouvoir serrer et desserrer selon les besoins.

Corps du boulon. — Il est quelquefois carré ou polygonal, mais le plus ordinairement cylindrique. On lui donne un diamètre égal à celui de la partie filetée mesurée extérieurement. Quant à sa longueur il ne peut pas y avoir de règles absolues à cet égard; elle dépend de la grosseur des pièces que l'on veut réunir. Toutefois il est certaines limites dont on ne s'écarte guère dans la pratique. Ainsi les boulons de 8 à 20 millimètres de diamètre ont rarement plus de 4 à 10 centimètres de longueur. Les boulons de 20 à 40 millimètres ne dépassent pas un mètre, et ceux de 45 à 60 millimètres vont jusqu'à deux mètres. Il y a de gros boulons de 80 millimètres qui ont 5 mètres de longueur.

Tête du boulon. — La tête du boulon peut prendre des formes très-variées selon son objet. La plus commune est la tête plate et de forme ronde ou carrée. On la fabrique à chaud, au marteau, en refoulant la queue du boulon dans une clouière qui a la forme requise. L'épaisseur de cette tête varie des deux tiers aux trois quarts du diamètre du corps du boulon ; sa largeur est double du même diamètre.

Quelquefois le boulon, au lieu d'être à tête plate (fig. 1, Pl. I), porte à son extrémité un œil *a* (fig. 2), dans lequel passe une clavette *b*, à laquelle on peut ajouter aussi une rondelle *c* pour augmenter la portée. D'autres boulons ont la tête en forme de coin (fig. 3). Il y a aussi des boulons à *scellement* (fig. 4) qui sont en forme de coin sur toute la longueur du corps et sont retenus dans leur trou par le lien qui s'établit entre leur scellement et les encoches distribuées sur leur longueur. D'autres fois on se contente de fendre la tête du boulon pour le retenir en place.

La fig. 5 représente un boulon à tête ronde et convexe.

Les figures 6 et 7 représentent deux boulons sans tête, taraudés à chaque bout pour recevoir deux écrous et avec prisonnier au milieu de leur longueur pour les maintenir en position.

La fig. 8 est un boulon dont la tête est percée d'un œil.

Il y a encore d'autres formes de têtes et de corps de boulons; les exemples précédents suffisent pour faire comprendre comment on peut les varier suivant les usages auxquels ils sont destinés.

Les figures 9, 10, 11, 12, 13 et 14 (Pl. I) représentent diverses formes d'écrous vus en élévation et de face. La forme la plus ordinaire est celle de l'écrou à six pans (fig. 10), avec ou sans chanfrein. L'écrou carré ou à quatre pans (fig. 9) ne s'emploie que dans les constructions grossières et qui demandent peu de soin. L'écrou à huit pans (fig. 11) s'emploie dans le cas des gros boulons. Les écrous des fig. 12 et 14 sont ronds et destinés à être noyés dans les pièces d'assemblages. L'écrou à oreilles (fig. 13) s'emploie dans les cas où l'on n'a pas besoin d'un serrage très-énergique ; il se manœuvre à la main. En parlant des clefs nous dirons comment on fait manœuvrer les écrous.

Les fig. 9, 10, 11, 12, 13, 14 et 15, (Pl. II) représentent différentes formes de vis. Elles varient entre elles, soit par le filet, comme les boulons, soit par la forme de la tête et par la manière dont on les manœuvre. Les vis des fig. 9, 10, 11, 12 sont à tête fendue et se manœuvrent au moyen d'une lame de métal que l'on introduit dans la fente pour les faire tourner. Cette forme ne convient qu'aux vis de faible dimension et qui n'exigent pas de grands efforts pour le serrage. Au-delà d'une certaine limite on emploie des vis semblables à celles des fig. 13, 14, 15 qui se manœuvrent au moyen de clefs comme les écrous.

SECTION II.

Rivets.

Lorsqu'on veut assembler deux pièces de métal tout à fait à demeure, on a un moyen d'assemblage plus énergique et beaucoup plus persistant que le boulonnage : c'est la *rivure*.

Le *rivet* diffère du boulon en ce que sa queue n'est pas filetée. Pour le fixer, on chauffe fortement cette queue avant de mettre le rivet en place. Puis, lorsqu'il a été introduit, pendant que la queue est encore chaude, on se hâte de la frapper à grands coups de marteau pour la refouler sur elle-même et former ainsi sur place une espèce de clou à deux têtes qui ne peut plus sortir.

Les fig. 1, 2, 3 (Pl. II) représentent des rivets de diverses formes avant leur mise en place. Ceux des fig. 1 et 3 sont vus en place respectivement fig. 4 et 7. Leurs têtes sont restées apparentes, ainsi que la rivure *r*. Le rivet de la fig. 2 est vu en place de deux manières fig. 5 et 6 : dans les deux cas la tête est noyée. Dans la fig. 5 la rivure reste apparente. Dans la fig. 6 elle est noyée dans le métal comme la tête.

La fig. 8 représente une rivure destinée à assembler à demeure une pièce de métal B, et une pièce de bois A. La pièce de bois est garantie contre la mâchure au moyen d'une plaque de métal C. Ce procédé s'emploie dans la construction des cadres de locomotives.

SECTION III.

Clavettes, contre-clavettes.

Les clavettes sont des barres de fer plat ayant la forme de coins. On les introduit dans des mortaises pratiquées dans les pièces que l'on veut assembler et en les y chassant avec force. Elles produisent un genre de serrage différent de celui du boulon, en ce que ce dernier agit dans le sens de la longueur, tandis que la clavette agit par pression latérale.

La fig. 16 représente le plan et la vue de côté d'une clavette ordinaire.

La fig. 20 représente une clavette courbe.

Les dimensions d'une clavette sont basées sur cette considération que le rapport entre la force à employer et la résistance à vaincre doit être le même que le rapport de la hauteur de la tête de la clavette à sa longueur.

Pour avoir l'angle d'inclinaison le plus convenable de la face A C (fig. 21) d'une clavette, on prend B C égal à 1/10 de la longueur A B, et en joignant A C on a l'inclinaison cherchée. La largeur de la clavette se prend ordinairement égale à quatre fois l'épaisseur.

Pour éviter de faire des mortaises inclinées dans les pièces qui s'assemblent par clavettes, et aussi pour obtenir un serrage plus énergique, on se sert souvent de *contre-clavettes.*

La fig. 17 représente le système de contre-clavettes le plus simple : c'est une clavette *b* de même forme et dimension que la clavette *a*, mais posée en sens inverse de cette dernière.

La contre-clavette *b* de la fig. 18 porte à chaque extrémité une tête en retour d'équerre qui l'empêche de sortir de place.

La fig. 19 représente une clavette *c* prise entre deux contre-clavettes *d, d.* L'inclinaison de chacune des faces de la clavette *c* est du dixième, par rapport à la ligne centrale A B. Cette clavette représente en réalité deux clavettes juxtaposées dos à dos.

La fig. 23 représente une clavette *e* terminée par une partie filetée et retenue au moyen d'un écrou dans un retour d'équerre de la contre-clavette *f.* Ce mode d'assemblage s'emploie dans les pièces de machines soumises à des mouvements violents, par exemple dans les locomotives pour unir la bielle avec la manivelle des roues-motrices.

La fig. 22 représente une clavette dont la tête est fendue : les deux bouts font alors ressort pour la retenir en place.

Souvent aussi on donne aux têtes des clavettes simples la même forme qu'aux têtes des contre-clavettes (fig. 18 et 19).

SECTION IV.

Instruments de serrage.

Sous ce nom nous ne voulons parler que des clefs qui servent à manœuvrer les écrous et les vis. Ces clefs sont des espèces de leviers portant à une de leurs extrémités un œil ou une mâchoire propre à saisir l'objet que l'on veut manœuvrer. En leur imprimant un mouvement de rotation, elles serrent ou desserrent à volonté la pièce saisie.

Les clefs les plus simples sont celles représentées fig. 15, 16 et 18 (Pl. I). Ce sont aussi les plus énergiques. La clef de la fig. 16 ne peut servir que pour les écrous et vis à tête carrée. Celle de la fig. 15 est destinée aux écrous et têtes de vis à six pans. Bien qu'elle ne les saisisse que sur trois faces, elle est d'un excellent usage. La clef de la fig. 18 s'emploie quand on ne peut pas arriver à l'écrou horizontalement : c'est un levier coudé : elle prend l'écrou sur toutes ses faces. On comprend que l'on peut faire des clefs analogues pour les écrous et têtes de vis à huit pans.

La clef de la fig. 17 sert à manœuvrer les écrous ronds de la fig. 14. Ses pointes s'introduisent dans des trous ménagés à cet effet sur la face plane de l'écrou.

Les têtes de vis semblables à celles de la fig. 15, Pl. II, se manœuvrent au moyen de leviers que l'on introduit dans des trous pratiqués latéralement sur leur pourtour.

La fig. 19, Pl. I, représente une espèce de clef dite *clef anglaise* et destinée à la manœuvre des écrous à 4, 6 et 8 pans, et même des écrous ronds de toutes grosseurs. Elle se compose de deux mâchoires qui peuvent se rapprocher ou s'écarter à volonté selon la dimension de l'écrou, au moyen d'un pas de vis ménagé dans l'intérieur de la queue de la clef et dans lequel s'introduit la tige taraudée qui porte la mâchoire supérieure de la clef. Cette clef est sujette à se déranger : au bout d'un certain temps la mâchoire ballotte autour de sa tige. C'est ce qui a donné à M. Haffner l'idée d'un perfectionnement représenté fig. 20. Dans cette clef, qui porte le nom de son inventeur, la vis est placée en dehors de la tige, et le mouvement est donné à la mâchoire inférieure, au moyen d'un écrou placé à l'extrémité de la vis.

CHAPITRE III.

DES ARBRES.

SECTION PREMIÈRE.

Définitions.

Un arbre de machine est une pièce longitudinale assujétie à un mouvement de rotation et servant de support à d'autres pièces, telles que des roues qui tournent avec elle et peuvent communiquer le mouvement à d'autres parties de l'appareil.

On donne quelquefois le nom d'*axes* aux arbres de petite dimension, mais cette expression n'est pas exacte. Les axes sont, comme les arbres, des pièces longitudinales, sur lesquelles sont montées des roues; mais ces roues tournent librement et sans entraîner l'axe avec elles dans leur mouvement.

Les arbres peuvent se classer de plusieurs manières :

1° En raison de leur position : On les distingue en arbres *horizontaux* ou de *couche*, arbres *verticaux*, appelés aussi *fers* ou *fusées*, et arbres *obliques*;

2° En raison de la matière dont ils sont formés : On les distingue en arbres *en bois*, arbres *en fonte* et arbres *en fer;*

3° En raison de leur fonction : On les distingue en arbres *premiers-moteurs*, arbres *de grande communication* et arbres *de communication secondaire.* Les arbres premiers moteurs sont ceux qui reçoivent directement l'action de la puissance; ceux de grande communication reçoivent l'action des arbres premiers-moteurs; ceux de communication secondaire la reçoivent des précédents.

4° Il arrive quelquefois que les arbres, considérés dans le sens de leur longueur, ne sont pas formés d'une seule pièce. Cette disposition peut provenir, soit de la longueur de l'arbre qui rend la construction difficile, soit du besoin que l'on a de rendre par momens une de leurs parties fixe, pendant que l'autre est mobile. De là résulte une nouvelle classification des arbres en arbres *simples* et arbres *accouplés*. L'accouplement se fait au moyen de *manchons* que nous décrirons plus loin.

On distingue dans un arbre deux parties principales : les *tourillons* et *le corps* de l'arbre proprement dit.

Tourillons. — Les tourillons sont les parties situées au deux extrémités de l'arbre qui s'emboîtent dans les supports sur lesquels il tourne. Le corps de l'arbre est la partie comprise entre les tourillons.

Lorsque l'arbre est exposé à des mouvements qui tendraient à le faire sortir de sa position dans le sens de la longueur, les tourillons sont garnis à leurs extrémités d'un cordon ou listel en saillie qui s'oppose à ce déplacement. Les tourillons, dans ce cas, prennent aussi le nom de *collets.* Lorsque l'arbre est d'une trop grande longueur pour être supporté seulement à ses deux extrémités, les parties qui reposent sur les supports intermédiaires sont tournées comme des tourillons et s'appellent aussi des collets.

Dans un arbre vertical le tourillon supérieur se nomme collet et le tourillon inférieur *pivot.*

Quelle que soit la matière dont le corps de l'arbre est formé, les tourillons se font ordinairement en métal. Sauf quelques cas extrêmement rares, le métal employé pour cet objet est le fer ou la fonte, matières qui conviennent parfaitement pour résister aux efforts auxquels les tourillons sont exposés et particulièrement à l'usure résultant du frottement dans les supports.

La forme d'un tourillon doit être celle d'un solide de révolution. Le plus souvent ce solide est un cylindre terminé par une calotte sphérique, ou en forme de goutte-suif lorsqu'il n'est pas garni à son extrémité d'un listel. Le cylindre se raccorde avec le corps de l'arbre par un *congé* ou petite gorge en forme de quart de cercle.

Dans certains cas, par exemple pour les arbres de tour, le serrage des pièces à tourner donnant une très-forte poussée contre les pointes, les tourillons ont une forme conique. Cette forme convient parfaitement parce qu'elle renvoie le tourillon contre les pointes, et comme le côté opposé il est maintenu par un écrou et un contre-écrou, et ne peut sortir de son coussinet.

Dans les arbres verticaux les pivots se font le plus souvent en acier fondu et de la même forme que les tourillons des autres arbres. On en a fait autrefois en forme de cônes se terminant en pointe. Mais cette disposition est à peu près abandonnée aujourd'hui à cause de ses inconvénients. En effet, ou bien la pointe s'émousse promptement sous la charge de l'arbre, ou bien elle pénètre dans le culot, ce qui déplace tout le mécanisme et donne lieu à des frottements considérables. Quelquefois même ces deux effets se produisent à la fois.

Les efforts auxquels sont exposés les tourillons sont de deux espèces : efforts de torsion et efforts de flexion. Lorsqu'on veut déterminer le diamètre des tourillons, il faut rechercher séparément la dimension convenable pour résister à chacun de ces efforts, et choisir la plus forte ; il faut en outre tenir compte de l'usure, et augmenter les dimensions auxquelles on s'est arrêté, de manière que le tourillon puisse résister pendant plusieurs années au travail qu'on attend de lui. En combinant ainsi la théorie avec les données d'expérience, on est arrivé à construire des tables qui concordent d'ailleurs avec les formules empyriques suivantes :

En désignant par D le diamètre du tourillon cherché exprimé en centimètres, et par A l'effort de flexion exprimé en quintaux métriques, on a :

Pour les tourillons en fonte, $D = 3,2\sqrt[3]{A}$.

Pour les tourillons en fer, $D = 2,3\sqrt[3]{\frac{9A}{14}}$.

Pour déterminer ce même diamètre D en centimètres par rapport aux efforts de torsion, on a : en désignant par A l'effort de torsion, exprimé en kilogrammètres, par N le nombre de tours que doit faire le tourillon par minute :

Pour les tourillons en fonte :

$$D^3 = \frac{138A}{N}.$$

Pour les tourillons en fer :

$$D^3 = \frac{89A}{N}.$$

Quant à la longueur des tourillons, il n'y a point de règles absolues à cet égard. Quelques constructeurs ne leur donnent pas plus d'une fois et un cinquième le diamètre. Cette dimension est un peu faible ; elle concentre la pression sur une trop petite surface, et rend le graissage difficile. Il vaut mieux leur donner une fois et demie le diamètre, surtout lorsque les tourillons sont en fer.

La table suivante donne les dimensions relatives de quelques tourillons d'arbres existants.

Diamètre des tourillons.	Longueur des tourillons.	Diamètre du collet des tourillons.	Largeur du collet des tourillons.
millim.	millim.	millim.	millim.
40	80	60	11
45	80	60	11
50	85	68	11
55	90	76	12
60	90	82	13
65	97	86	14
70	105	96	14
75	114	103	15

Corps des arbres. — Ils se font en bois, en fonte ou en fer forgé.

Leur forme, considérée dans le sens transversal, est ronde, carrée ou polygonale. Généralement, leur grosseur varie entre les points d'appui, et ils sont plus forts dans le milieu de leur longueur qu'aux extrémités. La section de l'arbre, suivant sa longueur, présente alors la forme de deux arcs de parabole qui se regardent dans le sens de leur concavité. Cette forme a pour but de rendre l'arbre également résistant sur toute sa longueur à la flexion, conformément à ce que nous avons dit dans le chapitre Ier, section IIe, art. 4.

Les arbres peuvent être pleins ou creux : pour économiser la matière, et leur donner cependant une grande résistance aux efforts transversaux, on les renforce quelquefois par des nervures longitudinales. Ce moyen est employé surtout pour les arbres en fonte : on en verra plus loin des exemples.

Le corps d'un arbre, comme ses tourillons, est soumis à deux espèces d'efforts : la flexion et la torsion. C'est donc aussi en raison de la résistance qu'il doit opposer à ce double effet que ses dimensions se calculent.

Si l'arbre est plein, en désignant par D son diamètre, on peut le déterminer par la formule suivante :

$$D^3 = \frac{8PL}{R\pi}.$$

S'il est creux, et que D désigne le diamètre extérieur, D' le diamètre intérieur, on a :

$$\frac{D^4 = D'^4}{D} = \frac{8PL}{R\pi}.$$

D et D' expriment des centimètres; P, le poids à supporter en kilogrammes; L, la longueur en centimètres entre les points d'appui. $\pi = 3,1415 \ldots$ R est la résistance absolue de la substance par millimètre carré.

Il n'y a pas de règles absolues pour la longueur des arbres. Cette longueur varie en raison du nombre et de la disposition des pièces qu'ils doivent supporter, et en raison aussi de la distance à laquelle doit être transmis le mouvement que leur imprime le moteur. Toutefois il est rare que dans la pratique on dépasse la longueur de 3^m à 3^m 50 pour les arbres en fer, et celle de 4 à 5 mètres pour les arbres en fonte. Cependant il y a des exemples d'arbres en fonte de 10 mètres de longueur. Au-delà de ces limites, il convient de placer entre les supports extrêmes des supports intermédiaires qui diminuent la longueur de la portée. Souvent, lorsque l'arbre doit être très-chargé, on a recours aux supports intermédiaires pour des longueurs beaucoup moindres. Sans cette précaution, on serait obligé de faire l'arbre très-gros pour le défendre contre la rupture par flexion, ce qui augmenterait inutilement son poids aux dépens de la force du moteur.

Lorsqu'un arbre a peu d'efforts de flexion à redouter, on peut donner au corps à peu près le même diamètre qu'au tourillon ; cependant on le fait, en général, un peu plus fort. Lorsqu'au contraire l'arbre doit être soumis à un effort de flexion, on donne à l'extrémité du corps un diamètre plus grand de 1/10e que celui du tourillon. C'est d'après cette première dimension comme base, que l'on calcule la forme parabolique de la section longitudinale du corps de l'arbre; dans la plupart des cas, ce sont des nervures seulement qui affectent cette forme parabolique. L'épaisseur au milieu est, comme la longueur, une donnée d'expérience. Voici, du reste, un tableau indiquant les proportions d'arbres existants :

(Cette table est extraite de l'ouvrage de Buchanam, page 249 ; revu par Tredgold. Nouvelle édition publiée par G. Rennie en 1841.

Nombre de chevaux.	Nombre de tours par minute.	Diamètre des tourillons.	Longueur des arbres.	Épaisseur au milieu.	Observations.
		c.	m.	c.	
20	20	15,2	3,35	19,7	Arbres en fonte à nervures.
18	22	14,6	3,35	17,8	*id.*
16	22	13,3	3,23	17,8	*id.*
14	24	12,7	3,05	17,1	*id.*
12	25	12,7	2,92	15,9	*id.*
10	25	12,1	2,74	15,2	*id.*
8	27	10,8	2,74	15,2	*id.*
6	28	10,1	2,62	14,6	*id.*
5	30	9,8	2,62	13,3	*id.*
4	32	9,5	2,44	12,1	*id.*
3	34	8,3	2,44	10,2	Arbres en fonte carrés.
2	36	7,0	2,44	8,3	*id.*
1	40	5,1	2,44	7,6	*id.*
6	28	8,3	2,62	»	Arbres de couche en fer.
5	30	7,6	2,44	»	*id.*
4	32	5,1	2,44	»	*id.*
3	34	5,1	2,44	»	*id.*
2	36	4,4	2,44	»	*id.*
1	40	2,5	2,32	»	*id.*

SECTION II.

Descriptions.

ARTICLE 1er. — ARBRES SIMPLES.

Arbres en fer forgé. — La pl. III présente plusieurs exemples d'arbres en fer forgé.

Les fig. 1 et 2 représentent l'arbre de grande communication du moulin de Saint-Denis. La fig. 1 est la vue par bout, et la fig. 2 la vue par côté.

Cet arbre est de forme octogonale, supporté à ses deux extrémités par des tourillons cylindriques TT, terminés en forme de goutte de suif et raccordés avec le corps de l'arbre CC, par une petite gorge ou congé en forme de quart de cercle. Le plan A, sur lequel est montée la roue d'angle qui transmet le mouvement aux meules, est aussi octogonal.

Les fig. 3 et 4 représentent la vue par bout et la vue par côté de l'arbre de grande communication du moulin de Boissy-la-Rivière. Cet arbre est cylindrique : il reçoit le mouvement d'une roue hydraulique de la force de 20 chevaux, portant un pignon qui engrène avec une roue dentée, calée sur la partie A au moyen d'une clavette entrant dans l'entaille F. Cet arbre fait trois tours et demi à quatre tours par minute, et communique le mouvement aux meules par le moyen d'une roue d'angle calée sur le plan B. Le calage sur ce plan est assez compliqué : il se fait au moyen de six clavettes, entrant dans des entailles pratiquées sur toute la longueur du plan D. Cet exemple n'est pas bon à imiter. Le mode de calage de la roue dentée sur le plan A est beaucoup préférable.

La fig. 5 représente un autre exemple d'arbre cylindrique, et dont le corps CC se raccorde par des congés avec les deux renflements cylindriques A et B sur lesquels sont calées des roues d'engrenage. Ces deux roues sont assemblées au moyen de clavettes entrant dans des entailles FF, pratiquées dans toute la longueur.

La longueur des tourillons est un peu faible par rapport au diamètre.

La fig. 6 donne un exemple d'arbre cylindrique dont un seul des tourillons T est situé à l'extrémité. Au-delà de l'autre tourillon T, l'arbre se prolonge pour recevoir une roue calée en A.

L'effort de la roue placée sur ce plan, tendant à attirer l'arbre dans le sens de sa longueur, le tourillon T est garni à son extrémité d'un collet *e* qui l'empêche de glisser. Le tourillon T' est également maintenu en position d'un côté par le collet *f*. Les renflements B et C portent des saillies *f'*, *f''*, sur lesquelles sont assemblées des roues d'engrenages. Ces renflements servent aussi de collets pour maintenir les tourillons en place par leurs autres extrémités.

Les fig. 7 et 8 représentent l'élévation latérale et la vue par le bout M de l'arbre premier moteur de l'usine d'Indret; il reçoit le mouvement d'une machine à vapeur de la force de 12 chevaux, au moyen de la manivelle M, placée à l'extrémité du tourillon T. Ce tourillon est limité par un cordon C, à la suite duquel est une surface d'accouplement A, destinée à porter un manchon.

L'effort de torsion auquel est soumis cet arbre est considérable, à cause de la longueur de l'arbre et parce que la manivelle qui lui communique cet effort est à l'extrémité. Aussi son diamètre est-il un peu fort.

Arbres en fonte. — La pl. IV présente plusieurs exemples d'arbres en fonte, pleins et cylindriques, qui se prolongent au-delà de leurs tourillons pour recevoir des roues d'engrenage ou des manivelles.

Les fig. 1, 2, 3, 4 et 5 représentent l'arbre premier moteur de la machine à vapeur de Saint-Ouen. La force de cette machine est de 40 chevaux. L'arbre fait 15 révolutions par minute.

La fig. 1 est une vue longitudinale de l'arbre.

La fig. 2 est une vue par bout de la partie M et du collet *a a* du tourillon T.

La fig. 3 est une coupe transversale de l'un des tourillons T, faite suivant la ligne 1 et 2.

La fig. 4 est la coupe faite suivant la ligne 3 et 4 de la partie renflée V sur laquelle est calé le volant.

L'arbre reçoit le mouvement au moyen d'une manivelle assemblée sur le carré D. La fig. 5 montre la coupe de ce carré et les lignes ponctuées font voir le mode de calage de la manivelle.

Les fig. 6 et 7 représentent l'élévation longitudinale et la vue par bout d'un arbre cylindrique en fonte, plein. Il sert à supporter une roue de la force de 20 chevaux, assemblée sur le renflement W, au moyen de la saillie *f*.

La fig. 8 montre une coupe de ce renflement et de sa saillie, faite suivant la ligne 5 et 6.

Les fig. 9, 10 et 11 sont un autre exemple d'arbre plein, dans des conditions analogues.

La pl. V offre de nouveaux exemples d'arbres en fonte cylindriques, de divers genres.

La fig. 1 est la vue en long, la fig. 2 une vue par bout, et la fig. 3 une coupe suivant la ligne 1 et 2 de la fig. 1, de l'arbre en fonte, plein, de la roue hydraulique élévatoire de Saint-Ouen.

T T, sont les tourillons au bout desquels se trouvent des collets C C, tournés et destinés à venir buter contre les coussinets des tourillons.

A A, sont des saillies venues à la fonte, et dressées à la lime pour recevoir les tourteaux dans lesquels s'assemblent les bras servant de supports à la couronne de la roue hydraulique. Ce mode de calage des tourteaux est moins parfait que si l'arbre était tourné sur toute sa circonférence; mais il est plus économique, et s'emploie souvent dans les petits ateliers.

Les fig. 4, 5, 6, 7 et 8 représentent un arbre creux cylindrique, en deux parties, avec nervures d'égale hauteur sur toute la longueur. Les tourillons sont pleins et venus à la fonte séparément, et assemblés après coup avec le corps de l'arbre. Cet arbre a été construit pour une roue hydraulique, par MM. Atkins et Steel.

La fig. 4 est une vue longitudinale; la fig. 5 une coupe du bout de l'arbre, suivant un plan méridien, afin de faire voir l'assemblage d'un tourteau-tourillon avec le corps de l'arbre; la fig. 6 est une coupe suivant la ligne 3 et 4 de la fig. 4; la fig. 7 est une coupe du milieu de l'arbre, suivant un plan méridien pour faire voir le mode d'assemblage des deux parties composant le corps de l'arbre; enfin, la fig. 8 est une coupe suivant la ligne 5 et 6 de la fig. 4.

Sur cet arbre s'assemblent six tourteaux, que l'on cale sur les six renflements octogonaux A A... Le dernier renflement à gauche A' est plus large que les cinq autres, parce qu'il reçoit une roue d'engrenage voisine du premier tourteau.

Les deux parties du corps de l'arbre sont rendues solidaires, au moyen de brides à emboîtement C C, reliées par les boulons *b*. Pour éviter que les efforts de torsion supportés par cet arbre n'agissent sur ces boulons, on a pratiqué sur chaque bride huit entailles D D... à queues d'hironde. Dans ces entailles, on loge, avant d'opérer le serrage des boulons, des clavettes en étoffes, de même forme que les entailles, mais d'une épaisseur un peu plus forte que la somme des profondeurs des deux entailles en regard dans les deux brides; on opère ensuite le serrage des boulons.

Avec chacun des tourillons T et T, on a fait venir à la fonte des plateaux ou brides E E. Les deux extrémités des deux parties du corps de l'arbre, M et N, portent des brides semblables, et l'assemblage se fait au moyen de boulons.

Pour faciliter le centrage des tourteaux-tourillons, on les a munis d'une partie saillante G, laquelle est tournée, et s'ajuste à frottement gras, dans la partie H des portions de corps d'arbre M et N ; cette partie H est aussi tournée sur toute la hauteur de la partie G. Ici, comme pour le corps de l'arbre, des clavettes D' D' servent à décharger les boulons de l'effort de torsion et le reportent sur la masse de fonte qui compose ses brides.

La planche VI nous offre deux exemples d'arbres en fonte pleins, avec nervures paraboliques, servant à des roues hydrauliques.

Les figures 1, 2, 3, 4, 5 et 6 représentent l'arbre d'une roue hydraulique de 25 chevaux, faisant six révolutions par minute, exécutée par M. Lehsner ; le corps de cet arbre ainsi que ses nervures sont paraboliques.

La figure 1 représente une vue longitudinale de cet arbre; la fig. 2 une vue, à échelle double, de l'extrémité de l'arbre du côté du pignon placé en P ; la fig. 3 est une vue par bout du carré P, destiné à porter un pignon ; la fig. 4 est une coupe suivant la ligne 1, 2, de la fig. 1 ; la fig. 5 une coupe du corps de l'arbre suivant la ligne 3, 4, de la fig. 1, et enfin la fig. 6 une coupe suivant la ligne 5, 6 de la même fig. 1. Les nervures de cet arbre sont raccordées entre elles par des parties courbes.

T, T, sont les tourillons avec collets. Pour concevoir comment ces tourillons, ou portions cylindriques, se relient avec la double nervure qui constitue le corps de l'arbre, figurons-nous un cylindre surmonté d'un cône de base égale à celle du cylindre, et faisons glisser ce système le long de l'axe des deux nervures, de manière à ce que les extrémités de ces nervures pénètrent le cône jusqu'à une distance assez voisine de la base.

C, C, ... sont des parties des nervures correspondant à l'emplacement des tourteaux portant les bras de la roue hydraulique. Dans ces parties chaque nervure est augmentée d'une saillie en biseau à angle droit. Ces saillies sont dressées, et c'est sur elles que frottent et serrent huit clavettes qui lient et fixent les tourteaux sur l'arbre.

La figure 3 fait voir que chacune des faces du carré P est évidée entre les angles; au moyen de cette disposition il suffit, pour l'assemblage du pignon avec ce carré, de dresser les biseaux saillants, déterminés par ces évidements. Si nous concevons que les angles correspondants du carré qui formeraient l'œil du pignon aient été semblablement dressés, nous voyons comment, au moyen de huit clavettes, sera assemblé le pignon avec l'arbre.

D'après ce que nous venons de dire de l'assemblage du pignon avec la partie P de l'arbre, on comprendra, au moyen de la fig. 6, l'assemblage tout à fait analogue d'un tourteau avec l'arbre.

Les figures 7, 8, 9 et 10 appartiennent à l'arbre d'une roue hydraulique de la force de 80 chevaux, existant à Wesserling.

Cet arbre en fonte, plein, a des nervures paraboliques placées sur un corps d'arbre cylindrique D, terminé par des parties A, A, cylindriques aussi, mais d'un diamètre plus fort.

La figure 7 est une vue longitudinale de cet arbre; la fig. 8 est une vue à échelle double, d'une extrémité du même arbre; la fig. 9 représente une coupe suivant la ligne 7 et 8 de la fig. 8; enfin, la fig. 10 est une coupe faite sur le milieu de l'arbre, suivant la ligne 9, 10 de la fig. 7.

Sur les parties A, A viennent s'assembler les deux tourteaux qui portent les bras de la roue hydraulique; aussi chacun des cylindres A est muni de quatre appendices saillants *l*, *l*, *l*, *l*, et de quatre autres appendices aussi en saillie *n*, *n*, *n*, *n*. Les surfaces supérieures de ces huit saillies sont dressées à la lime; elles correspondent à 8 entailles aussi dressées, ménagées dans les parties correspondantes de l'œil du tourteau : l'assemblage se fait au moyen de clavettes. On remarquera que les saillies *n* sont dans le prolongement des nervures N. Entre *n* et N est ménagé un ergot saillant E, contre lequel vient appuyer le tourteau ou disque.

L'engrenage moteur est lié à cette roue hydraulique, et composé d'un certain nombre de segments qui sont fixés aux couronnes extérieures de la roue hydraulique.

La planche VII, figures 1, 2, 3 et 4, représente un arbre entièrement creux, en fonte, pour roue hydraulique, en deux morceaux assemblés. La section longitudinale a la forme d'une parabole. Cet arbre a été construit par MM. Sudds, Atkins et Barker de Rouen, pour l'usine de l'arme à feu.

La fig. 1 représente une vue longitudinale, partie en élévation, partie en coupe de l'arbre; la fig. 2, une vue par bout de la partie B, du côté de l'assemblage; la figure 3, une vue par bout de la même partie B, mais du côté du tourillon; enfin la figure 4 représente une coupe suivant la ligne 1, 2 de la fig. 1.

Cet arbre porte cinq renflements C, pour l'assemblage des tourteaux.

Chaque tourillon creux, T et T', est venu à la fonte en même temps que la partie attenante A et B.

Le mode d'assemblage des parties A et B mérite d'être remarqué. Des brides D, D, consolidées par des consoles E, E..., sont venues à la fonte avec les parties A et B. La bride appartenant à la partie A est chanfrenée en *m*, et la bride appartenant à la partie B porte en *m* un congé; les parties saillantes *n* sont dressées autour. La partie B se prolonge au-delà de la bride par un ajustage conique et des vis de pression *v* permettent de réunir les parties A et B, de manière à ce que leurs axes se confondent. Un renflement intérieur q_i a été ménagé dans la partie A, à l'endroit où sont placées les vis de pression, dans un but de solidité.

Enfin le serrage des deux brides s'opère au moyen de boulons *b*, à tête conique et noyée. Dans chaque bride ont été ménagés des évidements carrés *p;* des pièces de fer carrées *r*, d'une épaisseur un peu plus forte que la somme des profondeurs des deux évidements, remplissent ces évidements *p*. Lorsqu'on vient à opérer le serrage, la pression de chaque bride se fait sur la pièce de fer *r*, et, de cette manière, se trouve évitée la pression de fonte contre fonte.

Les figures 5, 6 et 7 nous offrent un exemple d'assemblage d'arbre creux en deux parties avec tourillons pleins, fondus séparément. La fig. 5 est la vue par bout de cet arbre. La fig. 6 montre l'assemblage d'un tourillon plein avec le corps creux de l'arbre; et la fig. 7 est la coupe de l'arbre au point d'assemblage de ses deux parties. L'assemblage du tourillon avec l'arbre, et celui des deux parties du corps de l'arbre, sont analogues à celui que nous venons de décrire tout à l'heure.

Arbres en bois. — En la planche VIII, nous avons représenté fig. 1, 2, 3, 4, 5, 6 et 7 un arbre en bois, octogone. C'est l'arbre d'une roue hydraulique, faisant sept tours par minute.

La fig. 1 représente une vue longitudinale de l'arbre : du côté B on a représenté le tourillon en place ; le côté B' représente l'arbre préparé pour le recevoir : la fig. 2 est une vue par bout du côté B, et la fig. 3 une vue par bout du côté B' : la fig. 4 est une coupe suivant la ligne 1, 2 de la fig. 1, qui fait voir que l'arbre est en quatre parties : la fig. 5, une coupe suivant la ligne 3, 4 de la même fig. 1 : enfin les fig. 6 et 7 représentent une vue de face et une vue latérale du tourillon, garni de ses ailettes destinées à pénétrer dans le bois de l'arbre.

Cet assemblage est usité pour les tourillons de fonte, mais il ne convient que pour les arbres soumis à de petits efforts; l'entaillement du bois à l'endroit où viennent se placer les ailettes du tourillon diminue la force de l'arbre.

Les fig. 1, 3 et 5 montrent comment l'arbre est entaillé pour recevoir le quatre ailettes qui sont entre elles à angle droit, ainsi que le montrent les fig. 6 et 7, et font corps avec le tourillon.

On commence par placer les ailettes dans les entailles de l'arbre, et, une fois qu'elles sont en place, on remplit les vides, qui se trouvent entre elles et le bois, avec des cales en bois qu'on chasse au marteau et qui servent en même temps à centrer les tourillons : quand le tourillon est en place, on l'assujétit au moyen de cercles ou frètes *ff* en fer plat qu'on chasse de force sur les parties B et B' de l'arbre en bois ; ces parties sont faites coniques, afin de pouvoir forcer au marteau ces frettes à un serrage plus complet. Ces frettes se composent d'une bande de fer plat découpée en biseau à ses extrémités et soudée quand elle est repliée en cercle. Pour les mettre en place sur l'arbre, on les chauffe jusqu'à un point voisin de la chaleur lumineuse; on les pose avec promptitude, et une fois en place on y jette de l'eau; les frettes en se refroidissant opèrent un serrage assez fort.

Les fig. 8, 9, 10 et 11 font voir l'emmanchement le plus ordinaire d'un tourillon en fer avec un arbre en bois; cet assemblage porte le nom d'assemblage à *talon*. Les fig. 8 et 9 sont, l'une une vue de côté et l'autre une vue de face du tourillon à talon; la fig. 10 est une coupe passant par l'axe de l'arbre, et la fig. 11 une coupe perpendiculaire à l'axe du même arbre en bois.

Le talon du tourillon est renforcé en P ainsi que le font voir les figures; le tourillon proprement dit est d'un diamètre plus petit que la partie de son prolongement qui pénètre dans l'arbre, afin d'avoir une espèce d'épaulement qui vienne s'appuyer et frotter contre les coussinets du support.

Quand le tourillon est placé dans l'arbre entaillé d'avance, on remplit les vides avec du bois chassé au marteau; puis on pose des frettes sur la partie conique de l'arbre où l'on a fait l'emmanchement, comme pour le tourillon précédemment décrit.

La pl. IX représente encore des arbres en bois.

Les fig. 1, 2 et 3 sont un nouvel exemple d'un arbre en bois octogone avec assemblage de tourillon en fonte à ailettes. Cet arbre est celui de la roue hydraulique du moulin de Boissy-la-Rivière, roue de la force de 20 chevaux.

La fig. 1 est une vue longitudinale de cet arbre qui porte un engrenage sur la partie E; la roue hydraulique est emmanchée sur la partie A; la fig. 2 et la fig. 3 représentent, l'une une vue latérale, et l'autre une vue de face du tourillon à ailettes.

T est le tourillon proprement dit; G en est un prolongement qui entre dans l'arbre en bois; les ailettes sont au nombre de huit, l'arbre est entaillé pour les recevoir. Ces ailettes sont assez courtes pour que, dans le bout de la partie conique de l'arbre, il reste au moins 15 millimètres de bois entre les ailettes et les frettes C. Cependant le nombre de ces ailettes est exagéré : il affaiblit trop la fusée de l'arbre.

Quelquefois on applique sur la face de l'arbre un cercle au travers duquel on passe des boulons qui viennent empêcher le tourillon à ailes de sortir.

Les fig. 4 et 5 représentent un nouveau genre de tourillon à ailettes ; celui-ci est dit *tourillon à couronne ;* ce nom est motivé par sa forme.

La fig. 5 est une coupe suivant la ligne 1, 2 de la fig. 4 qui est une vue de face du tourillon à ailes à couronne.

Les fig. 6, 7 et 8 représentent un assemblage de tourillon en fonte avec arbre en bois, de forme octogone; c'est l'assemblage le plus convenable quand l'arbre doit résister à de grands efforts. L'assemblage que ces figures font voir a été employé pour l'arbre en bois de la roue hydraulique du haut-fourneau de Vienne (Isère).

La fig. 6 est une coupe suivant la ligne brisée 3, 4, 5 des fig. 7 et 8; la fig. 7 est une vue du tourteau-tourillon, du côté de l'assemblage; la fig. 8 est une vue du manchon sur lequel s'assemble le tourteau-tourillon, vu du côté opposé à l'assemblage.

Sur l'arbre en bois E on a placé un manchon D qui est assemblé avec l'extrémité de cet arbre au moyen de coins en bois placés en *a* et de huit fortes vis à bois *b*, *b ;* puis on a chassé obliquement des coins en fer plat, qui tendent à fendre les coins en bois mis en *a* et opèrent ainsi un fort serrage.

Le tourteau-tourillon F, est relié au manchon D par les huit boulons *e ;* le centrage est réglé au moyen de la saillie *g*, ménagée sur le tourteau, et s'adaptant dans un vide analogue ménagé sur la face du manchon; la saillie *g* et le vide correspondant sont dressés au tour. Dans les entailles à queue d'hironde *h*, *h*..., *e*, *h'*, *h'*... pratiquées sur les deux faces de l'assemblage, se logent des clefs *i* en étoffe, dont le but est de décharger les boulons d'une partie de l'effort exercé sur eux, ainsi que nous l'avons déjà fait voir dans un cas analogue.

Les fig. 9 et 10 représentent un arbre vertical en bois de manége, construit par M. Antiq. La fig. 9 est partie coupe, partie élévation de l'arbre en question ; la fig. 10 est un plan par dessus.

Cet arbre, de section carrée dans la partie où s'assemblent les pièces de bois formant la volée du manége, est découpé de forme octogonale dans ses autres parties. Le collet est un boulon cylindrique fixé dans une poutre du bâtiment, et qui se loge dans la crapaudine *m*, de manière que le collet est fixe et que c'est la crapaudine qui tourne. Cette crapaudine est un acier trempé en paquet, et s'assemble avec la tête de l'arbre au moyen de quatre forts clous *n*. Une frette *f*, posée à chaud, consolide le bout de l'arbre et l'empêche de se fendre.

Le pivot p est aussi en acier trempé en paquet; il se termine par une portion en tronc de pyramide quadrangulaire. Une pièce en fer q reçoit cette portion dans un vide de même forme; une frette f maintient le bout de l'arbre et serre la pièce Q.

Arbres verticaux. — La pl. X donne des exemples d'arbres verticaux en fer et en fonte.

Les fig. 1 et 2 représentent l'arbre vertical en fonte du moulin de Saint-Denis.

La fig. 1 est une élévation de cet arbre et la fig. 2 une coupe suivant la ligne 1, 2 de la fig. 1.

P est un pivot en fonte coulé avec le reste de l'arbre; T est un tourillon; A l'emplacement du grand rouet, et B la bague qui supporte le grand rouet.

L'arbre est octogone, comme le fait voir la coupe (fig. 2) qui donne en même temps le plan de la bague B.

La même planche fait voir (fig. 3, 4 et 5) un arbre vertical en fonte du moulin de Boissy.

La fig. 3 est une vue en hauteur de cet arbre; la fig. 4, le plan de l'extrémité supérieure; et la fig. 5, une coupe verticale de la partie inférieure mettant à découvert le pivot.

Le pivot de cet arbre est en fer forgé et s'assemble avec lui au moyen de clavettes.

M est la place d'un manchon d'accouplement; N celle du grand rouet; N′ celle de la roue d'angle.

La même planche fait voir, fig. 6 et 7, la vue longitudinale et une coupe suivant la ligne 3, 4 de la fig. 6, de l'arbre moteur d'un moulin à la française à Saint-Denis.

Enfin la même planche représente, fig. 8, 9, 10 et 11 l'arbre vertical du moulin de Maudslay.

La fig. 8 est une vue longitudinale de cet arbre; la fig. 9 est le plan de l'extrémité supérieure; la fig. 10 une coupe horizontale, et la fig. 11 une coupe verticale de la partie inférieure.

A est l'emplacement du grand rouet.

Arbres divers. — La pl. XI représente une série d'arbres divers que nous allons passer en revue.

Les fig. 1 et 2 représentent un arbre coudé en plusieurs pièces et employé pour bateaux à vapeur. Cet arbre est en fer forgé.

Dans cet arbre on distingue : 1° le corps de l'arbre a; 2° la manivelle b; 3° le boulon c.

Pour essieux de locomotives, les arbres coudés d'une seule pièce sont indispensables. Les fig. 3 et 4 en font voir un exemple; le corps de l'arbre a est interrompu dans sa longueur par deux coudes b, b, situés dans des plans perpendiculaires entre eux. Le diamètre de ces essieux n'est jamais au-dessous de 12 centim. et dépasse souvent 15 centim.

La fig. 5 représente un arbre ou essieu de wagon. Cet arbre se prolonge au-delà des tourillons pour recevoir les roues.

Les fig. 6 et 7 représentent la vue par bout et la vue par côté, de l'arbre d'un balancier. On voit qu'il est armé de quatre fortes nervures K destinées à assurer le calage du balancier.

Les fig. 8 et 9 donnent un autre exemple d'un arbre de balancier également renforcé par des nervures et dont les tourillons sont terminés par des collets.

La fig. 10 est un arbre de tour à tourillons coniques et terminé à ses deux extrémités par des parties filetées.

Article II. — Arbres accouplés.

L'accouplement de deux arbres a pour but, ainsi que nous l'avons dit, d'opérer entre eux une communication directe sans l'intermédiaire de roues d'engrenages, poulies, etc. Ces accouplements se nomment aussi *embrayages*. On en distingue de deux espèces, savoir : les embrayages fixes et les embrayages mobiles.

Les premiers s'emploient pour les arbres qui, situés dans le prolongement l'un de l'autre, doivent marcher constamment ensemble.

Les seconds diffèrent des premiers en ce que la communication de mouvement peut être suspendue et s'établir à volonté entre les deux arbres.

Les embrayages s'opèrent généralement au moyen de manchons. Ces manchons sont, comme les embrayages, de deux espèces, savoir :

Manchons *fixes*, et manchons *mobiles*, dits plus particulièrement d'embrayage.

Manchons fixes. — La pl. XII représente diverses espèces de manchons fixes.

Fig. 1, 2 et 3. Les deux arbres A et B qu'il s'agit de joindre sont ronds et placés bout à bout comme le montre la fig. 1. L'arbre A est muni d'une saillie *a*, et l'arbre B d'un creux correspondant dans lequel cette saillie entre exactement. Un manchon en deux parties (fig. 2) C et D, assemblées à boulons, enveloppe les arbres et tient en place un prisonnier *c*, fixé dans une entaille longitudinale pratiquée dans les deux arbres et les forçant à tourner ensemble.

Le but de la saillie *a* est de maintenir les arbres toujours sur le même axe, pour le cas où le manchon viendrait à se desserrer, et l'un des supports des arbres voisins de ce dernier à s'abaisser.

Fig. 4, 5 et 6. Même disposition que ci-dessus pour un arbre carré. Dans ce cas, le prisonnier est inutile.

Fig. 7 et 8. Manchons d'un seul morceau, pour arbres ronds, maintenus en place au moyen de la vis V. Pour empêcher les arbres de s'écarter, au lieu d'un seul prisonnier droit, on en met trois à ergots entrant dans les arbres.

La crainte de voir le manchon s'élargir n'existant plus, puisqu'il n'y a plus de boulons, on a supprimé la saillie intérieure *a* des fig. 1 et 4.

Fig. 9, 10, 11 et 12. Manchon carré, d'un seul morceau, pour deux arbres susceptibles de s'écarter l'un de l'autre. Ici, on a remis une saillie *m*, parce que le carré est toujours plus susceptible de prendre du jeu que le rond.

La pièce N sert à la fois à maintenir l'écartement des arbres, et à maintenir le manchon en place, sans que la vis vienne butter sur les arbres, ce qui est toujours mauvais, vu le peu de résistance des filets et sa tendance à se desserrer, par suite des vibrations continuelles de l'arbre.

Manchons mobiles, dits d'embrayage. — La pl. XIII représente diverses dispositions de manchons d'embrayage.

Fig. 1, 2, 3 et 4. L'un des arbres C est muni d'un manchon fixe A, A, assemblé à clavette *a*, et muni de saillies *b*, *b* (fig. 2), sur lesquelles viennent se loger, à volonté, les entailles *m*, *m* (fig. 4), d'un manchon mobile B, B, placé sur l'arbre F qu'il entraîne dans son mouvement de rotation par l'intermédiaire du prisonnier *f*. Ce manchon est mu par une fourchette (fig. 8), que l'on manœuvre à la main, au moyen d'un bras de levier suffisamment long.

Fig. 5, 6, 7 et 8. Manchon d'embrayage, du même genre que le précédent, à dents et symétrique.

Ce genre de manchon présente un inconvénient, quand on le manœuvre souvent : c'est que les dents ne tardent pas à s'émousser par les chocs qu'elles reçoivent les unes contre les autres, et finissent par ne plus mordre du tout.

Fig. 9, 10 et 11. Manchon d'embrayage, employé pour transformer le mouvement circulaire continu d'un arbre A, en celui circulaire alternatif d'un arbre N, situé dans le même plan et perpendiculaire.

Les deux roues R et R' de l'arbre N sont folles, c'est-à-dire libres de tourner indépendamment de l'arbre. La roue S, au contraire, est fixe avec l'arbre A, et engrène avec les deux roues R et R', de manière que ces dernières tournent sans cesse, l'une dans un sens, l'autre dans l'autre sens.

Un manchon mobile P, placé sur l'arbre N, entre les deux roues R, R', est muni de deux taquets *q* et *q'* qui peuvent, l'un ou l'autre, suivant la position du manchon, rencontrer l'un des deux taquets *p*, *p'*, situés sur les roues R et R'. Comme l'arbre est obligé de tourner avec le manchon, à cause du prisonnier *t*, il arrive que suivant celle des deux roues avec laquelle le manchon embraye, l'arbre tourne dans un sens ou dans l'autre.

Les fig. 1, 2, 3, 4 et 5, pl. XIV, représentent un manchon dit manchon à friction; et servant à établir la communication de mouvement entre la roue hydraulique et la machine à broyer de la manufacture de porcelaine de Sèvres construite par M. John Hall.

Les manchons à friction ne peuvent être employés que pour transmettre de faibles efforts.

C est l'arbre premier moteur; D, le manchon mobile pouvant glisser sur cet arbre; E, l'arbre des moulins à broyer, auquel on veut transmettre le mouvement; F, une pièce en fonte, composée d'une bague *f* et d'un anneau saillant *g*, calée sur l'arbre E; *a*, la clavette de liaison; B, une pièce en fonte entrant à frottement libre sur la pièce F; A, un anneau ou plaque de recouvrement entrant à frottement libre sur F; *e*, *e*, *e'* *e'* d'épaisses rondelles en cuir; *d*, *d*, *d*, les boulons qui opèrent le serrage entre les pièces A et B; *b*, *b*, sont les queues de la pièce A entrant dans les vides correspondants *b'*, *b'*, de la pièce B.

La fig. 1 est une coupe suivant la ligne brisée 1, 2, 3, de la fig. 5.

La fig. 2, une élévation antérieure du manchon suivant le plan *m*, *m*, de la fig. 1.

La fig. 3 représente la même élévation, la rondelle de recouvrement A étant enlevée.

La fig. 4 est une coupe de la pièce B suivant la ligne 4 et 5 des fig. 2 et 3.

Et la fig. 5, une élévation suivant le plan *p*, *q*, de la fig. 1.

Les fig. 6, 7, 8 et 9, représentent un autre manchon d'embrayage à cône de friction.

H est l'arbre à mettre en mouvement. Cet arbre est muni de collets *h*, *h*, *v*, maintenus par des goupilles *e*, *e*, *e*.

G est une roue d'angle folle sur l'arbre H et recevant le mouvement d'une roue motrice; K, un manchon mobile; S, une clavette sur laquelle glisse le manchon K.

La fig. 6 représente le système complet d'embrayage; l'arbre H seul n'est pas occupé.

La fig. 7 est une coupe méridienne de la roue d'angle folle.

La fig. 8 une élévation antérieure du manchon d'embrayage portant le cône de friction.

Et la fig. 9 une coupe méridienne de ce manchon.

Les fig. 10, 11, 12, 13 et 14, représentent un manchon d'embrayage pour l'arbre vertical du moulin de Boissy-la-Rivière.

P est l'arbre premier moteur; O l'arbre supérieur qu'il s'agit de faire mouvoir; L, l'embase de l'arbre P, sur laquelle repose le manchon inférieur M; *v v*, des vis de pression rendant M solidaire avec P; N, le manchon supérieur solidaire avec l'arbre O; *s*, la clavette de liaison entre eux; *s'*, la rainure pratiquée dans le manchon N pour recevoir la clavette *s*. Les manchons M, N, portent des griffes *m*, *m*, entrant dans des entailles *m'*, *m'*, correspondantes de chacun d'eux.

La fig. 10 est une coupe verticale du système d'accouplement.

La fig. 11, une élévation du manchon inférieur.

La fig. 12, un plan du manchon inférieur.

La fig. 13, une élévation du manchon supérieur.

Et la fig. 14, un plan du manchon supérieur.

Les fig. 1, 2, 3, 4, 5, 6 et 7 de la pl. XV représentent un accouplement à joint brisé de l'arbre à manivelle avec celui de la roue à aubes, d'une des machines du bateau à vapeur l'*Africain*, construit à Indret.

A, est l'arbre des manivelles, et B la partie mâle de l'accouplement, venu d'une seule pièce avec A, et portant des saillies *b*, *b*, à faces latérales convexes.

C, est l'arbre de la roue à aubes, et D la partie femelle de l'accouplement, venue d'une seule pièce avec C, et ayant des vides *b'*, *b'*, vides correspondant aux saillies *b*, *b*, de B.

B, est une goujon de centrage, en forme de baril, vissé sur B; G' est la cavité de D, destinée à recevoir ce goujon.

La fig. 1 est une élévation de l'ensemble de l'accouplement.

La fig. 2, une élévation antérieure de la partie femelle D.

La fig. 3, une coupe suivant 1 et 2 de la fig. 2.

La fig. 4, une élévation antérieure de B.

La fig. 5, une élévation latérale de B.

La fig. 6, une coupe suivant 3 et 4 de la fig. 5.

Et la fig. 7, un détail du goujon de centrage 6.

Les fig. 8, 9, 10 et 11 représentent un mode d'accouplement à joint brisé, employé à Indret, entre des arbres, dont les axes ont une certaine inclinaison.

E, est un arbre en fer forgé portant à son extrémité une fourche K, terminée par deux branches L, L.

E', est un autre arbre en fer forgé avec rainures pour recevoir la clavette *e*.

F, est une pièce en fonte calée sur E', et terminée par des portions cylindriques *f*, *f*, formant tourillons.

H, est une bague en fer forgé, percée de 4 trous cylindriques, ayant pour axe des diamètres perpendiculaires pour recevoir les boulons-tourillons N, N, N', N'. Les boulons N, N, servent à relier la bague H avec la pièce F, dans laquelle ils se vissent. Les boulons N′, N′, servent à relier la même bague H avec la fourchette K, dans laquelle ils se vissent.

m′, *m′*, sont des vides ménagés dans H pour le logement des extrémités L, L, de la fourchette K.

La fig. 8 est une élévation d'ensemble de l'accouplement.

La fig. 9, une élévation vue de face du bout d'arbre, qui porte la pièce F à tourillon et la bague.

La fig. 10, une coupe verticale suivant la ligne 1 et 2 de la fig. 9.

Et la fig. 11, une élévation de l'extrémité à fourchette de l'arbre E.

Les fig. 1, 2, 3 et 4 de la pl. XVI représentent l'accouplement du manége de campagne construit par M. Malard. Il porte le nom de nœud de *cardon*. Il s'adapte à l'extrémité d'un arbre de couche et sert à rompre la direction du mouvement.

A, B, sont les arbres à accoupler; ils sont en fer forgé et à section carrée; C, C′ sont les manchons à fourchettes liés avec les bouts des arbres; D, D, D les anneaux terminant chaque branche de fourchette; E une bague octogonale en fer forgé; *e*, *e*, *e*, *e*, des renflements cylindriques sur la bague E; chacun de ces renflements est percé d'une lumière *e′*; T est un grand boulon-tourillon qui traverse les deux anneaux des branches du manchon de l'arbre B et les unit à la bague E. Le manchon C de l'arbre A est relié à l'anneau par les deux boulons-tourillons G, G.

La fig. 1 est une élévation de l'ensemble de l'accouplement.

La fig. 2 est une élévation vue de face de la bague octogonale à collets avec les boulons-tourillons.

La fig. 3 est une élévation latérale de la bague octogonale.

La fig. 4 est une élévation postérieure du manchon à fourchette.

Les fig. 5, 6 et 7 représentent un accouplement à joint brisé, construit par M. Adkins.

G, G′ sont les arbres à accoupler; H, H les manchons en fonte s'assemblant à clavettes sur chacun des arbres G, G′; K, K, K des oreilles venues à la fonte avec H, et servant de chaises; L, L, L sont les chapeaux des chaises K; M est un croisillon à quatre tourillons qui établit la liaison entre les deux manchons.

La fig. 5 est une vue latérale de l'ensemble de l'accouplement; la fig. 6 une élévation antérieure d'un des plateaux H, et la fig. 7 une élévation du croisillon à quatre tourillons.

CHAPITRE IV.

SUPPORTS, PALIERS, CHAISES, CRAPAUDINES, COLLIERS, ETC.

Les supports sont des appuis dans lesquels tournent les tourillons des arbres de machines. Le support a le même axe que le tourillon auquel il sert d'appui.

On distingue quatre parties dans un support, savoir :

Le *coussinet* ou *grain;* le *corps;* le *chapeau* et le *patin* ou *semelle.*

Le *coussinet* est formé de deux pièces en fer, acier, fonte, cuivre ou bronze, ayant extérieurement la forme cylindrique ou polygonale, et creusé intérieurement en forme de cylindre destiné à recevoir le tourillon. Il doit pouvoir se remplacer facilement lorsque l'usure ou toute autre cause l'exige. Le *corps* est la partie comprise depuis les coussinets jusqu'à la semelle. Le *chapeau* est une pièce qui se relie avec le corps par des boulons ou des clavettes, que l'on serre de manière que le tourillon n'ait pas de jeu. La *semelle* ou *patin* est la partie fixe du corps, ordinairement en saillie sur celui-ci et en forme de plaque, et qui sert à lier le support, soit avec une autre partie de la machine, soit avec le sol. Cette liaison se fait au moyen de boulons ou de clavettes.

On distingue les supports en plusieurs espèces, suivant la position qu'ils occupent.

On nomme *palier* ou *support* (fig. 1, pl. XVIII) celui qui est établi sur un plan horizontal ou incliné d'une manière quelconque et dont l'axe est à un intervalle très-petit du plan d'assemblage.

On nomme plus particulièrement *support* (fig. 1, pl XXI) celui dont l'axe est à une distance assez grande du plan horizontal avec lequel il communique par des montants dont les formes et dimensions varient suivant la position de l'axe, la résistance à opposer, et les formes des pièces contiguës.

On nomme *support renversé* ou *chaise* (fig. 1, pl. XXII) tout support d'axe horizontal établi au-dessous d'un plan horizontal qui lui sert d'appui.

On nomme *crapaudine* (fig. 1, pl. XXIV) tout support qui, fixé sur un plan horizontal inférieur, reçoit l'extrémité d'un arbre vertical.

On nomme *collier* un support ordinaire placé de côté pour recevoir le tourillon supérieur d'un arbre vertical.

ARTICLE Ier. — PALIERS.

On distingue deux espèces de paliers.

Les paliers sans chapeau et les paliers avec chapeau.

§ Ier. — *Paliers sans chapeau.*

Les premiers s'emploient toutes les fois que le poids de l'arbre est tel que rien, dans le travail ordinaire, ne peut faire sortir le tourillon de sa place. Ce cas se présente généralement dans les roues hydrauliques; alors il n'y a qu'un coussinet inférieur, qui est en *bronze* ou en *fonte*.

Les fig. 1, 2, 3 et 4 (pl. XVII) représentent un *palier*, pour arbre horizontal, sans chapeau. Le patin A est muni de deux trous prismatiques rectangulaires *b*, *b*, destinés à recevoir des boulons d'assemblage avec la *plaque de fondation* B.

Cette plaque scellée primitivement sur un massif en pierre de taille au moyen de boulons de fondation placés en *b'*, *b'*, est munie de deux *ergots* inclinés *e*, *e*, entre lesquels se place le patin du support, avec un jeu suffisant pour que l'on puisse chasser de part et d'autre deux coins en fer servant à déterminer exactement la position du palier.

Grâce à l'inclinaison des faces entre lesquelles sont maintenus les coins, il n'y a pas à craindre que les vibrations de la machine les fassent sortir par en haut. En outre, pour empêcher ces coins de se desserrer, on boulonne le patin sur la plaque de fondation. Les trous *b*, *b* sont à section rectangulaire et non carrée, afin de pouvoir faire avancer le palier à droite ou à gauche, et régler rigoureusement sa position par rapport à celle de l'arbre.

Les deux faces du patin et de la plaque de fondation qui doivent être en contact, sont rabotées dans trois parties saillantes de la longueur *a*, *a*, *a*, et le contact a lieu seulement sur ces parties que l'on nomme *portées*.

Dans les petits ateliers de construction qui ne possèdent pas de rabots, les portées se font au burin et à la lime.

La fig. 1 représente une vue latérale du palier; la fig. 2 est le plan; la fig. 3 est une coupe faite suivant la ligne 1, 2 de la fig. 1. La fig. 4 montre le coussinet C avec ses saillies *r*, *r* entrant dans les vides correspondant du palier. Ce coussinet a extérieurement une forme demi-octogonale, pour ne pas tourner avec l'arbre dans son palier. Cette forme est la plus usitée pour les coussinets de fortes dimensions. Ceux qui sont plus petits peuvent être faits en hexagone ou carrés, formes qui s'opposent encore mieux que la précédente au déplacement par rotation, mais qui emploieraient trop de matière quand les coussinets sont d'un grand diamètre.

Au lieu des saillies *r*, *r*, pour retenir le coussinet dans son palier, on se sert aussi très-souvent de *rebords* ou saillies extérieures appelées *joues*. C'est le cas du coussinet appartenant au palier représenté dans les fig. 5, 6, 7, 8, 9, 10, même planche. Les joues ne conviennent qu'aux coussinets de cuivre ou de bronze; pour la fonte, les saillies intérieures ou ergots doivent être préférés.

Pour assurer le graissage du tourillon *b* qui tourne dans ce palier, le coussinet porte en *a* un rebord qui ferme sa partie cylindrique de manière que l'huile contenue par ce rebord ne puisse s'échapper. Des rainures *g*, *g* pratiquées dans le coussinet permettent à l'huile de pénétrer sur toute la longueur du tourillon.

Ce palier, à cause de cette disposition, se nomme palier *à réservoir*. Le coussinet, comme le précédent, est de forme octogonale et retenu en place par des saillies intérieures *r*, *r* qui entrent dans les entailles *r' r'*.

La fig. 5 est une élévation du palier vu par bout, et la fig. 6 le plan. La fig. 7 est une coupe faite suivant la ligne 3, 4 de la fig. 5. La fig. 8 est une élévation du coussinet vu isolément, et la fig. 9 une coupe faite suivant la ligne 7, 8 de la fig. 8. La fig. 10 est moitié élévation, moitié coupe suivant la ligne 5, 6 de la fig. 6 du palier, le coussinet étant enlevé.

Les fig. 5 et 6 (pl. XX) représentent l'élévation et le plan d'une espèce de support à coussinet sans chapeau, adopté pour les marteaux de forges anglaises. A est le coussinet. C, C' sont des coins que l'on serre à coups de marteaux pour régler à volonté la hauteur du coussinet.

§ II. — *Paliers avec chapeau.*

Lorsque le chapeau est nécessaire dans un palier, il y joue un rôle important. C'est lui qui, en maintenant le coussinet du haut, maintient aussi le tourillon en place, malgré la vibration de l'arbre et le relâchement des écrous qui en est la conséquence.

Lorsque l'arbre auquel est destiné le palier n'a qu'un mouvement doux et régulier, il peut rester un certain intervalle entre le support et le chapeau; mais si l'arbre est soumis à des efforts qui tendent à le faire sortir de sa position, il est indispensable, pour plus de solidité, que le chapeau entre dans le corps même du support au moyen d'une saillie pénétrant dans une entaille ménagée à cet effet : ce qui fait que le coussinet est complétement enveloppé, bien qu'il reste toujours un jeu suffisant pour pouvoir opérer le serrage.

Les figures 1, 2, 3, 4, 5 de la planche XVIII représentent le palier de la machine à vapeur de Saint-Ouen : le chapeau ne pénètre pas dans le support.

P est le patin du support, relié à la plaque de fondation B, par des boulons carrés entrant dans les trous rectangulaires *t*, *t*, qui permettent de régler la position du support.

C est le chapeau; *a*, *a*, *a*, *a*, sont des trous cylindriques pour le passage des boulons qui lient le chapeau au support.

D un renflement destiné à renforcer le support à l'endroit de l'évidement des boulons *a*, *a*.

r, r, des coupelles percées d'un trou dans leur axe pour huiler les tourillons.

La fig. 1 est une élévation du palier et de la plaque de fondation;

La fig. 2, le plan du palier, le chapeau étant enlevé;

La fig. 3, le plan du chapeau;

La fig. 4, une coupe transversale du coussinet;

Et la fig. 5, une coupe longitudinale du coussinet.

Les figures 6, 7, 8, 9, 10, représentent un palier dont le chapeau pénètre dans son support. C'est le palier de la communication de mouvement des tours et alézoir des ateliers de Charenton.

Les figures 6 et 7 représentent une élévation et une coupe suivant les lignes 1, 2, de la fig. 8.

La fig. 8 est le plan du palier, le chapeau étant enlevé.

La fig. 9 est le plan du chapeau.

Et la fig. 10 une coupe de la coquille supérieure.

Les deux coquilles qui composent le coussinet sont à joues et extradossées en forme d'ogive. Comme cette forme se rapproche beaucoup de la forme circulaire, elle pourrait ne pas suffire pour empêcher le coussinet de tourner avec l'arbre; afin de s'opposer à ce mouvement, chacune des coquilles est munie en son milieu de petits ergots b, b (fig. 10), entrant dans des entailles pratiquées dans la fonte du chapeau et du support pour les recevoir.

Le patin du support est relié ici à la plaque de fondation par des boulons ronds c, c, entrant dans des trous ovales c', c', qui servent à régler la position de l'appareil.

Les figures 1, 2, 3, 4, 5, 6, 7 et 8 de la planche XIX représentent le support établi pour la machine des laminoirs de l'usine de Guérigny.

Le tourillon de l'arbre de ce support étant très-gros, on a fait le coussinet en quatre parties carrées dont trois s'assemblent dans la fonte du support, et une dans celle du chapeau.

Le chapeau est relié au support par des boulons à clavettes. Des côtes de renfort A, A, s'opposent au déversement que tendent à provoquer les efforts perpendiculaires à l'arbre; d'autres côtes B, B, C, C, s'opposent aux efforts de renversement agissant suivant l'axe de l'arbre.

Un diaphragme, D, réunit les diverses parties de ce support. R, est le réservoir ou boîte à l'huile pour le graissage.

La fig. 1 est une élévation du support;

La fig. 2 est une coupe suivant la ligne 1, 2;

La fig. 3 est le plan de la moitié du support, le chapeau étant enlevé;

La fig. 4 une coupe horizontale de la moitié du support, suivant la ligne 3, 4;

La fig. 5 est le plan du chapeau vu par-dessus;

La fig. 6 est un plan et une élévation de l'une des coquilles horizontales, et la fig. 7 le plan et l'élévation d'une des coquilles latérales;

Enfin la fig. 8 est le détail de l'un des boulons à clavettes qui unissent le chapeau et le support.

Les figures 9, 10, 11, 12, même planche, représentent le palier de la presse hydraulique de Spiller. Les deux coquilles du coussinet sont en ogive.

b, *b*, sont des boulons taraudés à leurs deux extrémités, qui unissent le support et le chapeau; par une de leurs extrémités ces boulons s'assemblent dans le support, et par l'autre ils reçoivent les écrous de serrage.

La fig. 9 est l'élévation de ce support;

La fig. 10 est une coupe verticale suivant la ligne 1, 2 de la fig. 9;

La fig. 11 est un plan du support avec son chapeau vu en dessus;

Et la fig. 12 le détail d'un boulon *b*.

Les figures 1, 2, 3, 4 de la planche XX représentent un palier à vis de rappel du moulin de Stains. Le but de ces vis est de régler exactement la position du support par rapport à celle de l'arbre, en le faisant avancer ou reculer d'une aussi petite quantité que l'on veut.

C'est le support qui unit la plaque de fondation A par les boulons entrant dans des trous *d*, *d*, dont les dimensions permettent un certain jeu. B, B, sont les écrous fixes liés à la plaque de fondation par la partie filetée *b*, *b*, et dans lesquels sont engagées les vis de pression E, E, au moyen desquelles on fait mouvoir le support.

La fig. 1 est une élévation de ce palier;

La fig. 2, une coupe verticale du support suivant la ligne 1, 2 de la fig. 3;

La fig. 3, un plan du palier;

Et la fig. 4 le détail d'un écrou d'une des vis de rappel.

Les figures 7 et 8 (pl. XX) représentent l'élévation d'un palier imaginé par M. Eugène Flachat pour des arbres de fortes dimensions et sujets à se déranger.

Il se compose d'un support et d'un chapeau. Le support proprement dit se compose de deux parties : l'une fixe, M, avec côtes de renfort PP, liée à la plaque de fondation par des boulons carrés entrant dans des lumières rectangulaires; et l'autre mobile N, aussi bien de bas en haut que de droite à gauche. C'est cette partie mobile qui porte le coussinet et qui reçoit le chapeau. Pour régler sa position dans le sens vertical, on la soulève en chassant entre elle et le patin du support fixe, des coins *f*, *f*; son règlement dans le sens transversal, se fait en enfonçant des coins dans les vides *b*, *b* des rainures dans lesquelles se meuvent les saillies *a*, *a* qui garantissent la position de la partie mobile du support dans le sens de l'axe. Le chapeau est lié à la partie fixe du support, au moyen de boulons à écrous et à tête carrée, s'assemblant en dehors, c'est-à-dire entrant dans des entailles rectangulaires *k*, *k*, ménagées à cet effet.

ARTICLE II. — SUPPORTS PROPREMENT DITS.

Les supports proprement dits ne diffèrent des paliers que nous venons de décrire que par une beaucoup plus grande légèreté. Ils ne conviennent que pour les arbres de faibles dimensions et ne supportent que de faibles charges.

La pl. XXI en offre deux exemples.

Les fig. 1, 2, 3 et 4 représentent le support d'une machine à imprimer à trois couleurs; la fig. 1 est une élévation du support; la fig. 2 une coupe verticale suivant la ligne 1, 2 de la fig. 1; la fig. 3 un plan du support; et la fig. 4 les plan et coupe de la coquille supérieure.

Les fig. 5, 6, 7 et 8 représentent un support de la machine à fabriquer le papier d'Écharcon; la fig. 5 est une élévation du support; la fig. 6 une coupe verticale suivant la ligne 3, 4 de la fig. 5; la fig. 7 le plan du support, le chapeau étant enlevé; la fig. 8 une coupe verticale et un plan du chapeau; la fig. 9 une coupe et plan de la coquille supérieure.

B, C sont des colonnettes en fonte qui unissent le support à son patin et sont renforcées par des croisillons qui maintiennent leur écartement.

ARTICLE III. — SUPPORTS EN L'AIR OU CHAISES.

Les chaises ou supports en l'air ne diffèrent des supports ordinaires que par leur position. Au lieu de reposer sur le sol ou sur les bâtis de machines par leur base, les chaises sont suspendues soit par côté, soit plus ordinairement par leur partie supérieure à des points fixes, tels que les poutres du plafond d'un atelier. Ces supports sont en général légers et destinés à de petits arbres.

La pl. XXII offre deux exemples de chaises, l'une en fonte, l'autre en bois.

La première, représentée fig. 1, 2, 3, 4 et 5, est une chaise à deux branches et en fonte, de la manufacture des tabacs du Gros-Caillou, à Paris.

A, A sont des parties planes qui retiennent la chaise aux solives du plafond. B est l'arcade en fonte qui supporte le coussinet. C est le chapeau relié au support par les boulons *a*, *a* rendus, en outre, solidaires avec la chaise par les goupilles *b*, *b*.

La fig. 1 est une élévation; la fig. 2 le plan de la chaise vue par dessus; la fig. 3 est une coupe verticale suivant la ligne 1, 2 de la fig. 1; la fig. 4 une coupe suivant la ligne 3, 4 de la fig. 1; la fig. 5 montre les détails d'une coquille du coussinet.

Les fig. 6, 7, 8, 9 et 10 représentent une chaise en bois des moulins de Saint-Maur, à une seule branche, établie par M. Giraudon; la fig. 6 est une élévation de la chaise; la fig. 7 une coupe verticale suivant la ligne 5, 6 de la fig. 6;

la fig. 8 est un plan de la chaise vue par dessous; la fig. 9 donne le détail de la partie inférieure de la chaise, le chapeau enlevé; la fig. 10 est un plan du chapeau, et la fig. 11 le plan d'une coquille du coussinet.

Le chapeau de cette chaise, au lieu de s'assembler avec le corps au moyen de boulons, est maintenu en place au moyen d'une clavette parallélogrammique B portant en haut contre une saillie C de la branche de suspension A et en bas sur la saillie D du chapeau.

Cette saillie D est elle-même maintenue en place par la petite saillie E du corps du support.

La nervure longitudinale qui règne sur toute la hauteur de la branche de suspension A, se prolonge tout autour du support jusqu'en F et sert à consolider le chapeau. Cette précaution est surtout bonne pour les chaises en bois. On s'en dispense avec succès pour les chaises en fonte.

Article IV. — Crapaudines.

Une crapaudine n'est autre chose que le coussinet inférieur d'un arbre vertical, elle se compose de trois parties distinctes, savoir: le *culot* sur lequel porte l'extrémité inférieure du pivot de l'arbre; le *collet* ou coussinet cylindrique ordinairement d'un seul morceau, qui entoure ce pivot, et la *boîte* qui contient le culot et le collet.

La pl. XXIII offre trois exemples de crapaudines.

La première, représentée fig. 1, 2, 3, 4, 5 et 6, est la crapaudine de l'arbre vertical du moulin de Stains.

Cette crapaudine est montée sur un support en arcade C, C fixé au sol par son patin A, A. B est un prolongement de ce patin qui reçoit un support K d'arbre horizontal. D est une portion cylindrique du support évidée pour le logement de la crapaudine. E est la boîte de la crapaudine, F, F son coussinet cylindrique en bronze, et G le culot en acier trempé.

La position de la crapaudine est réglée dans le sens vertical par la vis L dont la queue est engagée dans la partie taraudée H H du support et que l'on fait monter et descendre au moyen de l'écrou M. Une saillie longitudinale engagée dans une entaille correspondante du support empêche la vis de tourner. Le règlement dans le sens horizontal se fait au moyen des quatre vis de rappel *a*, *a*, *a*, *a*.

La fig. 1 est une élévation de ce support; la fig. 2 une coupe suivant la ligne 1, 2 de la fig. 1; et la fig. 3 le plan. La fig. 4 est une coupe de l'arcade du support faite suivant la ligne 3, 4 de la fig. 1; la fig. 5 est une élévation à part de la vis L; et la fig. 6 un plan et une coupe du culot G.

La crapaudine représentée fig. 7, 8 et 9 est celle de l'arbre vertical du moulin de Saint-Denis.

A′, A′ est le patin du support dont le prolongement B sert à l'emplacement du support O de l'arbre horizontal premier moteur.

P est une boîte carrée en fonte venue avec A′ et complétement évidée. *r*, *r*, *r* sont des côtés de renfort qui consolident la boîte P. La crapaudine en cuivre Q est contenue dans la boîte carrée en fonte R servant en même temps de coussinet cylindrique. G′ est le culot en acier trempé. S, S sont des clavettes trapézoïdales qui servent à régler la hauteur de la boîte Q. *a*′, *a*′, *a*′, *a*′ sont les vis de rappel au moyen desquelles on règle sa position horizontalement.

La fig. 7 est le plan du support et de sa crapaudine; la fig. 8 est une coupe verticale suivant la ligne 5, 6 de la fig. 7; la fig. 9 donne le détail d'une des clavettes S. Ces deux clavettes remplacent la vis L du premier exemple : on les remplace quelquefois par une seule clavette placée sous le centre de la boîte.

Les fig. 10 et 11 représentent la crapaudine de l'arbre vertical du moulin de Saint-Quentin, construit par Maudslay. Cette crapaudine est fixée sur une arcade en fonte.

g est le culot en acier trempé, *h*, *h* le coussinet en cuivre, *a*″, *a*″, *a*″, *a*″ les vis de rappel, qui servent à la régler.

La fig. 10 est le plan du support; et la fig. 11 une coupe verticale suivant la ligne 7, 8 de la fig. 10.

Quelques constructeurs ont proposé avec raison de supprimer les vis de rappel qui règlent la position de la crapaudine dans le sens horizontal, et de maintenir le pivot en position au moyen d'un support ou coussinet ordinaire placé à peu de distance de la crapaudine.

Article V. — Colliers et boîtes de roues.

§ Ier. — *Colliers.*

Un collier est un véritable coussinet ordinaire placé de côté pour recevoir le tourillon supérieur d'un arbre vertical. On en distingue de deux espèces : les colliers coniques et les colliers cylindriques.

La pl. XXIV donne un exemple d'un collier de chaque espèce.

Celui qui est représenté par les fig. 1, 2, 3, 4, 5, 6, 7 et 8 est un collier de cette espèce pour tourillon conique d'un arbre vertical construit par M. le marquis de Pontejos.

A est un patin circulaire en fonte allégé par des évidements C, C, C, C.

B est une cuvette octogonale venue à la fonte avec le patin et renforcée par des côtes *b*, *b*, *b*, *b*.

E est une boîte en fonte extradossée en octogone, cylindrique à l'intérieur et taraudée sur les deux tiers de la hauteur pour recevoir le couvercle en bronze F d'une boîte à étoupe H également en bronze et assemblée à rainures et languette avec le couvercle. La partie supérieure du couvercle F porte le réservoir à huile *r* du collier : elle est extradossée en forme d'écrou octogone afin de pouvoir être manœuvrée au moyen d'une clef. A mesure que la boîte à étoupe H s'élargit par l'usure, on la fait descendre pour maintenir le contact du tourillon contre son collier, et lorsque cette boîte est trop usée, on la change sans être obligé de remplacer pour cela le couvercle F'. Des vis de rappel F, F, F, F servent à cintrer le collier sur le tourillon : ces vis se logent dans des vides *g*, *g*, *g*, *g* ménagés à cet effet dans la boîte E du collier. *m*, *m* est une lentille inférieure en bronze qui empêche le tourillon de frotter contre la fonte. *d*, *d* sont des grains d'orge circulaires qui augmentent la liaison du patin A avec son bâtis.

La fig. 1 est un plan de ce collier vu par dessus; la fig. 2 une coupe verticale suivant la ligne 1, 2 de la fig. 2. Les fig. 3 et 4 sont une coupe verticale et une élévation du patin et de la cuvette vus isolément. La fig. 5 est une coupe verticale et la fig. 6 un plan par dessus de la boîte à étoupe H et de son couvercle F. La fig. 7 est une coupe verticale et la fig. 8 un plan de la boîte du collier E.

Les fig. 9, 10, 11 et 12 représentent le collier de l'arbre vertical du moulin de Stains. Ce collier est cylindrique. Il est fixé par côté au moyen d'un plateau vertical L boulonné sur bois. G est un anneau vertical venu à la fonte avec le plateau et lié avec lui par les branches K, K. M, M, M sont trois coins en bronze formant coussinet et que l'on règle horizontalement au moyen des vis de rappel *v*, *v*, *v* engagées dans les cadres rectangulaires H, H, H qui leur servent d'écrou.

La fig. 9 est un plan de ce collier; la fig. 10 une coupe verticale suivant la ligne 5, 6 et 7 du plan. Les fig. 11 et 12 donnent le détail de l'un des coins en bronze M.

§ II. — *Boîtes de roues.*

Nous avons réuni dans la pl. XXV quelques exemples de boîtes de roues dans lesquelles tournent les essieux des wagons et locomotives des chemins de fer. Ce sont de véritables coussinets : ces boîtes sont souvent aussi désignées sous le nom de boîtes à graisse.

Elles diffèrent essentiellement toutefois des supports ordinaires en ce qu'elles sont fixes entre deux parties douées d'une certaine mobilité, ce qui modifie leur mode d'assemblage.

Pour comprendre ceci, il est bon de rappeler comment le châssis d'une voiture de chemin de fer est porté sur les essieux.

Le châssis est suspendu après autant de ressorts qu'il y a de roues. Ces ressorts sont en arc de cercle : ils portent à leurs extrémités les attaches du châssis et sans embrassés en leur milieu, par un collier terminé inférieurement par une tige cylindrique qui traverse le châssis et vient porter sur la boîte à graisse de l'essieu. Cette boîte est maintenue entre deux joues verticales fixées au châssis et entre lesquelles elle a la faculté d'osciller.

Les fig. 1, 2 et 3 (pl. XXV) représentent une boîte à graisse telle qu'on les construisait autrefois. Elles se composaient de deux pièces : la boîte et le chapeau.

La boîte *a* (fig. 1) est en bronze, *c* est un trou destiné à recevoir l'extrémité inférieure de la tige en fer qui porte le ressort. Autour de ce creux est un espace annulaire *b*, *b* servant de boîte à l'huile; deux petits tubes *d*, *d* amènent l'huile sur le tourillon *f* au moyen de deux mèches en rateau insérées dans leur intérieur et trempant en même temps dans la boîte.

Le chapeau *g* se fait tantôt en bois de gayac, tantôt en bronze, comme la boîte. Il s'attache à cette dernière au moyen d'un ou deux boulons passés transversalement, et logeant leurs tête et écrou dans les retraites pratiquées de chaque côté en *h* et *h'*. Ce chapeau n'a d'autre but que d'empêcher l'essieu de sortir de la boîte, en cas de choc, d'abriter le tourillon contre la poussière.

La construction de la boîte en un seul morceau ne tarda pas à présenter l'inconvénient inhérent à tous les coussinets; elle s'usait et il fallait la remplacer toute entière. Pour éviter cet inconvénient on fit les boîtes à coussinet, comme il est représenté fig. 4 et 5; et comme la saillie de l'essieu en dehors de la boîte donnait trop d'accès à la poussière sur le tourillon, on munit les boîtes d'une plaque de garde *a* coulée avec et en fermant hermétiquement le tourillon dans la boîte; le chapeau fut prolongé jusqu'à cette plaque.

Les fig. 8 et 9 représentent une boîte à graisse dans laquelle on a poussé encore plus loin les précautions contre la poussière. Non-seulement il y a une plaque de garde sur le devant, mais encore il y en a, sur le derrière, une autre percée d'un trou exactement égal à la section de l'essieu; en outre, le chapeau est muni, comme la boîte, d'un coussinet, en sorte qu'il y ait frottement continuel de l'essieu et que l'huile ne vienne pas se déposer sur le chapeau; la cuvette à huile est recouverte d'une plaque en tôle à couvercle, toujours dans le même but. Dans les boîtes (fig. 1 et 4) il y a bien aussi une plaque sur la cuvette, mais elle n'est que posée et maintenue en place par la tige du ressort.

Il existe encore une espèce de support entre deux parties mobiles, c'est la boîte à graisse des entre-toises des locomotives (fig. 6).

Cette boîte, dans laquelle passe l'essieu coudé, se compose de deux coussinets *a* et *b*, dont l'un *a* est muni de pattes qui embrassent l'autre *b*; deux coins *c*, *c*, serrés par des écrous, sont destinés à opérer le rapprochement du coussinet au fur et à mesure qu'ils s'usent. Leurs faces du côté des coussinets étant verticales et celles du côté des pattes *d*, *d* de l'entre-toise étant inclinées, le serrage a lieu parallèlement et les coussinets ont toujours la faculté d'osciller verticalement entre ces joues.

Les pattes *d*, *d* sont reliées inférieurement par un boulon *e* qui maintient leur écartement.

FIN DE LA PREMIÈRE PARTIE.

OUVRAGES
RELATIFS A L'INDUSTRIE,
DESSINÉS, GRAVÉS ET PUBLIÉS
PAR M. LE BLANC,
PROFESSEUR AU CONSERVATOIRE ROYAL DES ARTS ET MÉTIERS, CONSERVATEUR DES COLLECTIONS, ETC, ETC.

CHOIX DE MODÈLES
APPLIQUÉS A L'ENSEIGNEMENT DU DESSIN DES MACHINES,
AVEC UN TEXTE DESCRIPTIF,
OUVRAGE ADOPTÉ PAR LE CONSERVATOIRE ROYAL DES ARTS ET MÉTIERS, PAR L'ÉCOLE CENTRALE DES ARTS ET MANUFACTURES, ETC., ETC.

SOIXANTE PLANCHES.

SUR UN QUART COLOMBIER, AVEC UN TEXTE DE 173 PAGES IN-4° : 22 FR.

Cet ouvrage peut se diviser en trois parties, dont les deux premières se vendent 6 fr. chacune, et la troisième 10 fr.

La première partie traite des éléments de géométrie indispensables à la connaissance du dessin; elle donne la méthode des projections, la pénétration des solides, la construction des hélices, les vis et quelques organes de machines.

La seconde partie représente les courbes excentriques et les engrenages, les détails et ensembles de machines.

La troisième partie est consacrée au levé des machines et au tracé des ombres; elle se termine par plusieurs modèles de dessins lavés et coloriés.

RECUEIL
DES MACHINES, INSTRUMENTS ET APPAREILS,
QUI SERVENT A L'ÉCONOMIE RURALE ET INDUSTRIELLE,
DIVISÉ EN PARTIES COMPOSÉES, CHACUNE, DE 12 LIVRAISONS.

Chaque livraison contient six planches sur demi-colombier, et coûte 6 fr.
On peut acheter séparément chaque partie, ou une seule livraison.

PREMIÈRE PARTIE.

Première Livraison.

Moulin à écraser les pommes. — Machine à nettoyer les graines de trèfle. — Machine à écraser les graines oléagineuses. — Hache-paille à leviers, coupe-ceps et coupe-chicots.

Deuxième Livraison.

Charrue de Brie perfectionnée. — Charrue à butter. — Charrue du Brabant. — Presse hydraulique de Montgolfier.

Troisième Livraison.

Extirpateur à cheval. — Machine à faner. — Presse à vis de M. Gallardon.

Quatrième Livraison.

Machine à battre le blé, dite suédoise. — Manége en fonte, par M. Molard. — Moulin à bras, par M. Ovide. — Coupe-racines à levier.

Cinquième Livraison.

Semoir à bras perfectionné. — Pompe portative pour arroser les jardins. — Rouleau brise-mottes suédois. — Houe à cheval, renversée. — Charrue brandilloire écossaise.

Sixième Livraison.

Moulins à blé établis suivant le système anglais, près de Saint-Quentin, par M. Maudslay, de Londres. — Extirpateur rotatif de M. Morton.

Septième Livraison.

Bluttoir à brosses à mouvement continu. — Presse à cylindres et continue. — Charrue américaine.

Huitième Livraison.

Tarare simple, par M. Gravier. — Hache-paille à tambour. — Semoir à cheval de M. Hill. — Pompe anglaise aspirante et foulante.

Neuvième Livraison.

Nouveaux moulins à la française. — Tarare double, par M. Gravier. — Moulin à concasser les graines.

Dixième Livraison.

Huilerie. — Meules à écraser les graines. — Chauffoirs. — Presse à coins. — Râpe à pommes de terre.

Onzième Livraison.

Manége de campagne, par M. Molard. — Machine à battre le grain. — Râpe à betteraves, de M. Moulfarine. — Coupe-racine à tambour.

Douzième Livraison.

Presse hydraulique de Spiller. — Pressoir à vis horizontales et à volant. — Balancier. — Hache-écorces à tambour. — Moulin à tan. — Noria perfectionnée, par M. Gateau.

DEUXIÈME PARTIE.

Première Livraison.

Machine à vapeur à basse pression et à double effet, par Watt

Deuxième Livraison.

Roue hydraulique à palettes pour élever l'eau — Scierie à plusieurs lames, de M. Halette. — Grue en bois à engrenage et à frein.

Troisième Livraison.

Moulin à vent pour fabriquer l'huile.—Chaudières à vapeur à basse pression.

Quatrième Livraison.

Sucrerie de betteraves, Chaudière, Presse hydraulique. — Moulin à vent pour élever l'eau. — Moulin à broyer les matières fibreuses.

Cinquième Livraison.

Scierie alternative à une lame. — Instruments pour le forage des puits artésiens. — Machine à extraire la tourbe.

Sixième Livraison.

Machine à tamiser par mouvement continu. — Machine locomobile, de Maudslay. — Chaudière à bouilleurs, d'Edwards.

Septième Livraison.

Calorifère à courant d'air chaud. — Machine à vapeur à basse pression, de Maudslay.

Huitième Livraison.

Pompe à trois corps. — Presse hydraulique de MM. Traxler et Bourgois. — Machine à raboter les métaux.

Neuvième Livraison.

Nouveau moulin à blé, de système américain.

Dixième Livraison.

Machine à vapeur oscillante, de Cavé. — Roue hydraulique à la Poncelet.—Machine à nettoyer le blé.

Onzième Livraison.

Machine à vapeur pour bateau. — Roue à pales mobiles. — Machine à tarauder. — Bluterie à farine.

Douzième Livraison.

Laminoir à plomb. — Banc à étirer les tuyaux. — Presse à vis.

TROISIÈME PARTIE.

Première Livraison.

Machine à fabriquer le papier continu, par M. Chapelle

Deuxième Livraison.

Machine locomotive, *la Gauloise*, par M. Cavé.

Troisième Livraison.

Suite de cette machine. — Machine à vapeur à haute pression, à détente variable, de la force de 25 chevaux, par M. Pauwels.

Quatrième Livraison.

Ventilateur de M. Sanford. — Régulateur à Vannes. — Machine à mortaiser les métaux, par M. Pihet. — Aspirateur pour machine à papier, par M. Chapelle.

Cinquième Livraison.

Machine à couper le papier, par M. Debergue. — Moulin à écraser la canne à sucre. — Machine à tailler les écrous.

Sixième Livraison.

Turbine de M. Fourneyron. — Tender pour machine locomotive.

Septième Livraison.

Cylindre à papier, de Chapelle. — Roues hydrauliques de Debergue. — Machine à percer de Sharp et Roberts.

Huitième Livraison.

Appareil de forage du puits artésien de l'abattoir de Grenelle. — Grue hydraulique. — Machine à fileter.

Neuvième Livraison.

Machine à vapeur de Woolf, à deux cylindres.

Dixième Livraison.

Plate-forme mobile. — Machine à percer et à aléser. — Grue hydraulique et Robinet à Clapet. — Scierie à recéper les pilotis. — Scie circulaire et cric.

Onzième Livraison.

Féculerie établie à La Briche, près St-Denis. — Chaudière à bouilleurs verticaux de Beslay. — Machine à hacher le tabac.

Douzième Livraison.

Moulins à courroies de M. Darblay, à Corbeil. — Scie à placage.

QUATRIÈME PARTIE.

Première Livraison.

Machine locomotive Stephenson.

Deuxième Livraison.

Moulin à plâtre. — Tamis. — Treuil mobile. — Machine à fendre.

Troisième Livraison.

Bateau dragueur. — Machine à river. — Grue à pivot. — Monte-sucre.

Quatrième Livraison.

Turbine-Fontaine. — Machine à mortaiser. — Machine à forger.

Cinquième Livraison.

Fabrication du carton-paille. — Machine pour bois de teinture. — Machine à concasser.

Sixième Livraison.

Machine à parer les cuirs. — Pétrins de M. Moret. — Machine à démonter les roues. — Machine à poinçonner.

Sous presse :

Septième Livraison.

Appareil distillatoire continu. — Machine à Satiner, à éplucher le papier. — Machine à métrer. — Machine à planer.

Huitième Livraison.

Grue locomobile. — Machine à rhabiller les meules. — Machine à sécher les cuirs. — Peigneuses.

LE MÉCANICIEN CONSTRUCTEUR.

DEUXIÈME PARTIE.

CHAPITRE Ier.

DES ENGRENAGES.

SECTION PREMIÈRE.

PRINCIPES GÉNÉRAUX.

§ Ier. — *Définitions.*

Les engrenages sont des roues armées de dents à leur circonférence, et un des organes le plus employés en mécanique comme transmission de mouvement; ils servent à établir la communication entre deux arbres dont les vitesses de rotation doivent être dans un rapport déterminé.

Lorsque deux roues tournent autour de deux arbres et que le mouvement de l'une se communique à l'autre, la première porte généralement le nom de *roue*, et la seconde celui de *pignon*; souvent aussi on donne le nom de pignon à la plus petite des deux roues.

La droite qui joint les centres des deux roues s'appelle *ligne des centres*. Les saillies placées à la circonférence des roues, et au moyen desquelles elles se communiquent le mouvement, en s'engageant les unes dans les intervalles des autres, s'appellent les *dents*.

Les circonférences sur lesquelles les parties courbes des dents sont en saillie se nomment ; *circonférences primitives*, et leurs rayons, *rayons primitifs;* ces rayons, prolongés jusqu'à l'extrémité des dents, portent le nom de rayons vrais.

Les circonférences primitives ont leur point de contact sur la ligne des centres et la divisent en parties proportionnelles au nombre des dents de la roue et du pignon.

Le rayon vrai d'une roue doit donc être plus grand que son rayon primitif; cependant, dans les pignons qui ont un grand nombre de dents, ces rayons peuvent être considérés comme sensiblement égaux.

§ II. — *Conditions auxquelles doivent satisfaire les engrenages.*

La condition que l'on cherche à remplir dans la détermination des engrenages, est que la puissance appliquée à l'une des roues et la résistance appliquée à l'autre conservent continuellement les mêmes valeurs et se fassent équilibre. Or, si deux cylindres sont tangents l'un à l'autre et se communiquent le mouvement par le simple contact, la force appliquée à l'un se transmettra à l'autre sans altération, en considérant les choses mathématiquement. Le mode de transmission de la force motrice d'une roue à l'autre de là donc satisfaisant, à la condition qu'il rendra les efforts constants lorsqu'il fera marcher les roues, comme si elles se communiquaient le mouvement par le simple contact.

Il faut, pour que cette condition soit remplie, que la normale aux courbes des dents passe constamment par le point de contact des circonférences primitives. Dans le cas où cette normale couperait la ligne des centres dans l'intérieur de la circonférence du pignon, l'effort transmis serait plus petit ; dans le cas où ce serait dans l'intérieur de la circonférence de la roue, il serait plus grand ; mais comme ce point de rencontre ne peut pas s'y maintenir constamment, et passe tantôt dans une circonférence, tantôt dans l'autre, il en résulterait dans la transmission des efforts moteurs une inégalité d'action qu'il est important d'éviter.

Cette même condition, principe de la transmission des pressions constantes, est aussi celle de l'égalité des vitesses de rotation des deux roues.

§ III. *Nombre de tours exécutés par chaque engrenage. — Espacement de leurs centres.*

De ce que les deux circonférences sont animées des mêmes vitesses, il s'ensuit que le nombre de tours exécutés respectivement par chacune d'elles est en raison inverse de sa longueur ; et comme les circonférences sont entre elles dans le rapport de leurs rayons, ce nombre de tours est en raison inverse des rayons primitifs de ces circonférences.

En appelant N et n les nombres de tours décrits par la roue et le pignon,

R et r leurs rayons primitifs,

D la distance des deux axes à mettre en communication,

On a ces deux égalités :

$$N R = n r, D = R + r,$$

qui servent à déterminer deux de ces quatre quantités, lorsque les deux autres sont données.

§ IV. — *Détermination des formes et dimensions des dents.*

Les distances des arbres à mettre en communication, les grandeurs des roues et leurs vitesses étant données, il faut ensuite déterminer les formes et les dimensions de leurs dents.

Les dents des engrenages ont trois dimensions, savoir :

L'*épaisseur*,
La *largeur*,
Et la *hauteur*.

L'*épaisseur* se mesure sur la circonférence primitive; la somme de l'épaisseur d'une dent et du vide qui la sépare de la dent suivante se nomme le *pas de l'engrenage.*

La *largeur* d'une dent est sa dimension dans le sens parallèle à l'axe de rotation.

La *hauteur* se mesure suivant le rayon de la roue.

Les *côtés* de la dent sont les faces parallèles à l'axe de rotation, ils se composent de deux parties : celle en dehors du cercle primitif ou du contact, qui se nomme la *face*, et celle en dedans, qui se nomme le *flanc.*

En exprimant en kilogrammètres la quantité de travail que doit transmettre une roue, et en divisant ce nombre par la vitesse de la circonférence primitive, on obtient l'effort P, que doit supporter la dent à son extrémité; son épaisseur b, exprimée en millimètres, se calcule, pour la fonte, par la formule $b^2 = 0,01$ P.

En appelant l sa largeur suivant le sens de l'axe et a sa hauteur ou saillie en dehors de la jante, les dimensions les plus convenables sont données pour ces deux parties par les deux formules suivantes :

$$a = 1,2\ b. \qquad l = 4,5\ b.$$

La face et le flanc ne doivent pas être de même hauteur : afin d'empêcher l'extrémité des dents d'une roue de venir frapper le fond des creux qui sépare les dents de l'autre roue, on fait assez ordinairement ces hauteurs dans le rapport de 5 à 6.

La largeur des dents est ordinairement exécutée par les meilleurs constructeurs de 3 à 5 fois leur épaisseur, épaisseur qui dépend de l'effort qu'elles ont à supporter et de la vitesse de rotation; de même la hauteur peut être de 1,35 à 1,50 fois l'épaisseur, et de 3 fois lorsqu'on veut mettre, dans de certains cas, plusieurs dents en contact.

Quand les dents des deux roues sont de même matière, elles ont la même épaisseur ; lorsque les unes sont en fonte et les autres en bois, ces dernières doivent être un peu plus épaisses d'environ 1 3 de celles en fonte, ou dans le rapport de 1 à 1,2 pour la résistance et pour l'usure.

Dans tous les cas, les dents d'une roue devant se loger et se mouvoir librement dans les creux de l'autre roue, on fait le *pas* égal à la somme des épaisseurs b et b' des dents, b' pouvant être égal à b, et on ajoute à cette somme un certain jeu qui varie de 1/10 à 1/20 suivant l'épaisseur de la dent et la perfection de l'ajustage, et qui peut aller jusqu'au 1/6 dans les engrenages mal construits.

Nous terminons ce qui est relatif aux différentes dimensions des dents des engrenages par le tableau suivant, qui indique les dimensions à donner aux dents et au pas des engrenages, pour diverses forces de machines en chevaux; la vitesse des engrenages étant de *un* mètre par seconde à la circonférence.

FORCE EN CHEVAUX.	DIMENSIONS DES DENTS.			PAS DES ENGRENAGES.
	ÉPAISSEUR.	LARGEUR.	HAUTEUR.	
chev.	c.	c.	c.	c.
60	5.72	34.32	6.86	12.00
55	5.56	33.36	6.67	11.68
50	5.38	32.28	6.46	11.30
45	3.20	31.20	6.24	10.92
40	5.00	30.00	6.00	10.50
36	4.83	28.98	5.80	10.14
32	4.64	27.84	5.57	9.74
30	4.54	27.24	5.45	9.53
25	4.23	25.38	5.08	8.88
24	4.21	25.30	5.06	8.84
20	3.96	23.76	4.75	8.32
18	3.83	22.50	4.60	8.04
15	3.60	21.60	4.32	7.56
12	3.34	20.04	4.00	7.00
10	3.15	18.90	3.78	6.61
8	2.92	17.52	3.50	6.13
6	2.65	15.90	3 18	5.56
5	2.49	14.94	2.99	5.23
4	2.32	13.92	2.78	4.87
3	2.10	12.60	2.52	4.41
2	1.83	10.98	2.20	3.84
1	1.46	8.76	1.95	3.07

§ V. — *Nombre de dents.*

Le nombre de dents de la roue et du pignon devant être entre eux dans l rapport direct des rayons de leurs cercles primitifs, et dans le rapport inverse des nombres de leurs révolutions, on aura, en appelant :

p le pas de l'engrenage,
m le nombre de dents de la roue,
n le rapport des nombres de révolutions,

$$m = \frac{2\pi R}{p} \text{ et } m' = \frac{m}{n}$$

Il arrivera parfois que ces nombres ne seront pas entiers, et comme il convient d'ailleurs, pour la symétrie et la facilité des assemblages, que le nombre de dents de la roue soit exactement divisible par le nombre de ses bras, quand elle doit être en plusieurs pièces, on devra prendre pour m le nombre inférieur à celui que l'on a trouvé, et qui sera à la fois divisible par le nombre de bras de la roue et par le rapport n.

Une fois la valeur de m arrêtée, on calculera de nouveau p et m'.

§ VI. — *Tracé des dents.*

Il reste maintenant à déterminer la forme la plus convenable à donner aux côtés des dents pour rester autant que possible dans les conditions de transmission d'effort égal et constant.

Le but essentiellement pratique et descriptif de cet ouvrage nous dispense d'entrer dans les détails circonstanciés du tracé des dents; nous en dirons seulement quelques mots, et nous nous bornerons à donner les procédés employés dans la pratique.

Sous le rapport de la forme adoptée des faces des dents, on divise les engrenages en deux parties, savoir :

Les engrenages à épicycloïdes,

Et les engrenages à développantes de cercles.

Engrenages à épicycloïdes. Les engrenages à épicycloïdes sont ceux dont les dents ont pour courbe directrice de leur surface de contact une épicycloïde engendrée par la circonférence de la roue qui engrène avec celle sur laquelle elles sont.

La circonférence de la roue avec laquelle doit engrener la roue donnée étant connue, on trace un arc suffisant de l'épicycloïde directrice de la surface de contact des dents, puis on cherche le centre de l'arc de cercle qui se rapporte le plus de cet arc d'épicycloïde. Quand on connaît le centre et le rayon de cet arc de cercle, du centre de la roue on décrit la circonférence, lieu géométrique des centres de tracé pour toutes les dents, que l'on décrit ensuite au compas. Généralement, le centre le plus convenable de ces arcs est sur la circonférence primitive, et la longueur du rayon de l'arc de cercle se rapprochant le plus de l'épicycloïde varie entre un pas et un pas et demi.

Engrenages à développantes. — Les engrenages à développantes sont ceux dont les dents ont pour courbe directrice de leur surface de contact la développante de la circonférence sur laquelle elles sont situées.

Les engrenages à développantes diffèrent donc essentiellement des engrenages à épicycloïdes, par cela seul que la forme de leurs dents est indépendante des roues avec lesquelles elles doivent engrener, car on peut varier à volonté la distance des axes par laquelle le tracé a été fait; tandis que, dans les engrenages à épicycloïdes, deux roues sont essentiellement faites l'une pour l'autre et ne peuvent engrener avec aucune autre; cependant il arrive souvent, en pratique, que cette condition ne peut être remplie.

Pourvu que deux engrenages à développantes aient le même pas, ils peuvent marcher ensemble, quels que soient leurs diamètres; ils fonctionnent même dans les conditions voulues, quel que soit l'écartement des roues, pourvu que les dents soient en contact; ils ont de plus l'avantage que l'usure sur les dents, occasionnée par le frottement, se fait uniformément, tandis que les dents des autres s'usent plus à leur extrémité qu'au milieu; elles sont en outre plus propres à la résistance, la partie la plus forte étant sur la jante de la roue.

Les faces des dents étant déterminées et se trouvant tracées parfaitement symétriques de chaque côté de l'axe de ces dents, par les points de rencontre des faces avec le cercle primitif on mène des parallèles à cet axe, jusqu'à la rencontre du cercle déterminé pour former le creux de chaque pas, l'on raccorde les flancs ainsi tracés et les creux par des congés dont la grandeur de l'engrenage détermine le rayon.

Dans la pratique, la méthode indiquée pour tracer les faces des dents peut quelquefois, dans les petites roues, donner des dents trop faibles ou trop fortes à leur extrémité; on fait alors légèrement varier la longueur du rayon trouvé, pour rester dans les conditions de résistance que l'on a déterminées.

§ VII. — *Différentes espèces d'engrenages.*

Considérés par rapport aux arbres qu'ils mettent en communication, les engrenages prennent le nom d'engrenages cylindriques et d'engrenages coniques, suivant que ces arbres, placés ou non dans un même plan, sont parallèles, perpendiculaires ou concourants.

Les engrenages cylindriques sont employés dans les communications de mouvements parallèles, et les engrenages coniques, dont les dents sont inclinées sur leur plan, sont destinés aux communications à angle droit, aigu ou obtus.

Dans le cas où l'on aurait à faire communiquer deux arbres situés d'une manière quelconque dans l'espace, on les relie par un troisième dont l'axe vient rencontrer les leurs, et à chaque point de rencontre on établit une couple d'engrenages coniques.

Les engrenages hélicoïdaux, ainsi que ceux à vis sans fin, n'ayant pas leurs axes dans un même plan, sont rangés parmi les engrenages coniques.

Les engrenages à chaîne sans fin, dite chaîne de *galle*, servent à transmettre le mouvement à des axes parallèles qui, par leur grand espacement, ne pourraient pas être commandés d'une manière directe par des roues droites et où des courroies ne pourraient être employées.

Il y a encore l'engrenage à lanterne, qui est un système particulier, dans lequel une roue dite de *champ*, dont les dents sont perpendiculaires à son plan, engrène avec une lanterne.

Une *lanterne* est une roue composée de deux plateaux entre lesquels on fixe vers leur circonférence un certain nombre de cylindres nommés *fuseaux*; l'axe passe perpendiculairement par le centre de chaque plateau. Dans ce genre d'engrenage la roue menée est toujours la lanterne.

Toutes les règles que nous venons de poser pour la détermination des dimensions et des formes des dents des engrenages cylindriques s'appliquent également aux engrenages coniques; la seule différence consiste en ce que les arêtes des dents, qui sont parallèles à l'axe dans les premiers, viennent, dans les seconds, concourir en un même point, celui de rencontre des axes, qui porte le nom de centre des cônes.

§ VIII. — *Des différentes parties d'une roue d'engrenage.*

Nous allons maintenant passer en revue les différentes manières de rendre les dents des engrenages dépendantes des arbres qu'ils doivent mettre en mouvement.

Une roue complète d'engrenage se compose généralement :

1° D'un *moyeu* s'emmanchant sur l'arbre;

2° De plusieurs *bras* servant à relier le moyeu et la couronne;

3° D'une *jante* ou *couronne* unie aux bras et portant les dents.

Pour chacune de ces parties il y a deux choses à considérer.

1° La forme;

2° Les dimensions.

Moyeu.

1° *Forme.* Le moyeu est, à proprement parler, un manchon servant à relier l'arbre avec la roue d'engrenage. Quand l'arbre est circulaire, sa forme est celle d'un anneau suffisamment épais, muni intérieurement d'une mortaise capable de recevoir la demi-épaisseur d'un prisonnier, dont l'autre moitié est logée dans une entaille faite sur l'arbre. Quand l'arbre est carré, la forme du moyeu est celle d'un manchon carré, muni intérieurement de huit mortaises, deux sur chaque face, de manière que l'on puisse facilement centrer la roue sur l'arbre, opération qui n'est pas nécessaire avec les arbres ronds, parce que le centrage de la roue a été fait pour l'alésage du trou du moyeu. Quand l'arbre est polygonal, la forme du moyeu est celle d'un manchon à section intérieure semblable à celle de l'arbre.

Comme dans ce cas il y a un grand nombre de faces, il n'est pas nécessaire de ménager des mortaises pour centrer la roue : cette opération se fait au moyen de clavettes de serrage intercalées entre chaque face semblable des deux polygones.

Dans les assemblages des moyeux et des arbres non circulaires, les clavettes employées pour le centrage et le serrage sont doubles et consistent en deux coins en fer également inclinés, de manière que, superposés, ils présentent, une fois en place, deux surfaces de contact bien parallèles. De sorte que si, dans la coulée de la roue, le noyau formant le vide du moyeu vient à se déplacer, il est toujours possible de faire usage de la roue, parce que l'on proportionne les épaisseurs des clavettes au déplacement à faire subir à la roue sur l'arbre, de manière qu'elle tourne bien *rond :* le serrage se fait ensuite à coups égaux de masse sur chacun des coins, afin de ne pas changer le *centrage* de la roue.

2° *Dimensions.* Les dimensions du moyeu sont au nombre de deux, savoir :

La longueur,

L'épaisseur.

La longueur, qui se mesure dans le sens parallèle à l'arbre, et qui s'appelle longueur de la portée de calage, est une dimension variable avec la grandeur des engrenages, mais que l'expérience a appris à renfermer dans certaines limites.

La longueur de la portée doit être au moins égale à la largeur de la couronne; mais pour les engrenages de grands diamètres, afin d'avoir plus de stabilité, on adopte un rapport plus fort, soit en moyenne celui de 1,50 à 1.

Quant à l'épaisseur du moyeu, pour les engrenages moyens, on la fait égale au rayon de l'arbre sur lequel la roue est montée; on augmente un peu ce rapport dans les petits engrenages, et on le réduit notablement dans ceux de très-grandes dimensions.

Clavetage. — La largeur de la mortaise destinée à recevoir la clavette en fer ne doit pas occuper plus du tiers du diamètre de l'arbre et n'avoir pour épaisseur que la moitié de sa largeur; elle doit se trouver dans la direction d'un bras, afin de donner plus de force au serrage et d'éviter par là la rupture du moyeu au calage.

Bras et nombre.

Outre la forme et les dimensions des bras, il faut encore déterminer le nombre de bras que doit avoir un engrenage. Ce nombre varie avec le diamètre des roues.

Le plus grand intervalle que l'on puisse admettre entre deux bras consécutifs ne doit guère dépasser $2^m,00$, mesurés sur la circonférence du cercle primitif; ainsi une roue de $4^m,00$ de diamètre doit avoir au moins six bras, de même qu'il en faut de huit à dix pour une roue de $6^m,00$; au-dessous de $1^m,00$ de diamètre, quatre bras sont suffisants.

Forme et dimensions des bras.

La forme théorique des bras d'une roue, qui sont comme des leviers fixés à un bout et chargés de l'autre, est celle d'une parabole dont le sommet est à l'extrémité de la dent qui les termine.

Leur épaisseur et leur largeur *maxima* peuvent se déterminer théoriquement au moyen des formules de la résistance des matériaux; mais les résultats que donnent ces formules, si on les suivait, auraient pour conséquence inévitable de faire casser les roues à la fonderie, le retrait se faisant sentir plus particulièrement dans ces pièces que dans toutes les autres. L'expérience a démontré que les bras devaient avoir pour section un rectangle renforcé de chaque côté par une nervure servant à les fortifier et présentant une résistance aussi grande que s'ils étaient pleins, et que l'on raccorde aux angles par des congés, pour éviter le retrait à la fonte.

La largeur mesurée de la nervure dans le sens de l'axe de rotation de la roue va en diminuant, depuis le moyeu jusqu'à la couronne, dans le rapport de 3 à 2; au milieu des bras elle se fait généralement égale à celle de la couronne; son épaisseur à la base, c'est-à-dire au corps du bras, est un peu plus faible que celle des dents.

La saillie des nervures sur les bras, mesurée parallèlement au sens du mouvement de la roue, va en croissant depuis la couronne jusqu'au moyeu; dans le milieu des bras, l'épaisseur totale est à peu près égale aux 2/3 de la largeur de la couronne.

Tredgold a composé des tables qui indiquent pour des efforts ou pressions, données dans le cas d'une roue à six bras, de $1^m,00$ de rayon les dimensions des dents et celles des bras; nous croyons devoir les rapporter.

1er *Tableau.* — La première colonne donne la pression en kilogrammes exercée sur les dents; la deuxième colonne, l'intervalle entre les milieux de deux dents consécutives en centimètres; la troisième et la quatrième, la largeur et l'épaisseur de la dent en centimètres.

2e *Tableau.* — La première colonne donne le nombre en chevaux de l'effort exercé à la circonférence de la roue, effort indiqué en kilogrammes dans la deuxième colonne ; la troisième donne la plus grande largeur du bras au milieu de la longueur comprise entre la jante et le moyeu dans le sens du mouvement de rotation de la roue, le rayon étant de 1 mètre ; la quatrième, l'épaisseur totale de la nervure servant à renforcer le bras.

Nota. La première colonne du 2e tableau, de la *force en chevaux*, se rapporte également à la première colonne de la pression exercée sur les dents équivalant à cette force, la vitesse étant de 1 mètre par seconde.

TABLEAUX *des dimensions des dents et des bras des roues d'engrenage à dents de fonte, d'après l'effort exercé à la circonférence ; le rayon étant de* $1^m,00$ *et les bras au nombre de six, l'épaisseur étant supposée la 1/2 de la largeur de la couronne (milieu des bras).*

PREMIER TABLEAU.

DIMENSIONS DES DENTS ET INTERVALLE ENTRE DEUX DENTS CONSÉCUTIVES.

PRESSION SUR LES DENTS EN KILOGRAMMES.	DIMENSIONS EN CENTIMÈTRES.		
	INTERVALLE ENTRE DEUX DENTS CONSÉCUTIVES.	LARGEUR DE LA DENT.	ÉPAISSEUR DE LA DENT.
10	0.63	2.00	0.30
40	1.27	3.27	0.60
80	2.00	4.54	0.90
158	2.54	5.81	1.20
244	3.17	7.08	1.50
336	3.80	8.35	1.80
430	4.43	9.62	2.10
580	5.08	10.89	2.40
730	5.71	12.16	2.70
870	6.34	13.43	3.00
1100	6.97	14.70	3.30
1210	7.62	15.97	3.60
1500	8.25	17.24	3.90
1750	8.88	18.51	4.20
2200	9.51	19.58	4.50
2300	10.16	20.85	4.80
2660	10.79	22.12	5.10
2840	11.42	23.39	5.40
3220	12.05	24.66	5.70
3500	12.68	25.93	6.00

DEUXIÈME TABLEAU.

DIMENSIONS DES BRAS AU MILIEU DE LA LONGUEUR, ENTRE LA COURONNE ET LE MOYEU.

FORCE EN CHEVAUX. VITESSE, 1 M. PAR SECONDE.	EFFORT EXERCÉ A LA CIRCONFÉRENCE EN KILOGRAMMES.	DIMENSIONS EN CENTIMÈTRES.	
		LARGEUR DU BRAS DU CROISILLON.	ÉPAISSEUR TOTALE DE LA NERVURE.
1/8	10	4.20	1.21
1/2	40	6.00	2.00
1	80	8.00	3.00
2	158	8.50	3.90
3	244	9.70	4.85
4	336	10.77	6.30
5	430	11.64	6.80
7	580	12.12	8.25
9	730	13.10	8.73
10 1/2	870	13.80	9.70
13	1100	14.50	10.67
15	1210	15.50	11.64
18	1500	16.00	12.60
21	1750	16.50	13.68
24	2200	17.00	14.06
27 1/2	2300	17.50	16.50
31 1/2	2660	18.00	17.00
34 1/2	2840	18.50	17.95
38 1/2	3220	19.00	19.00
42 1/2	3500	19.50	19.40

Pour avoir les dimensions des bras d'une roue, d'un rayon quelconque R ayant six bras, on multiplie les chiffres du deuxième tableau par la racine carrée R.

Couronne.

Forme et *dimensions.*

La forme des couronnes ou jantes, après lesquelles les dents font corps, varie suivant la résistance que les roues ont à vaincre.

Quand les roues n'ont qu'un faible travail à exercer, la section de la couronne est généralement un rectangle, relevé de moulures, de même largeur et de même hauteur que les dents. Généralement on donne à la jante en fonte, mesurée dans le sens du rayon, de 1 à 1,30 et même deux fois l'épaisseur des dents, lorsque les dents sont en bois, afin de donner plus de solidité aux tenons dans les mortaises.

Lorsque le travail est un peu plus fort ou le diamètre de la roue un peu plus grand, on munit la couronne d'une nervure intérieure qui se raccorde avec les nervures des bras de la roue.

Quand on veut obtenir plus de résistance encore, on la renforce par des cordons latéraux qui embrassent la moitié ou la totalité de la hauteur de la dent. Ces cordons latéraux de chaque côté ont la moitié de l'épaisseur de la dent. L'écartement entre les deux joues est égal à la largeur des dents de l'autre roue, augmentée de 5 à 10 millimètres. Il existe également un jeu de 8 à 10 millimètres entre les circonférences des joues des deux roues engrenées.

Quelquefois enfin, dans les couronnes très-larges, telles que celles des pignons de laminoirs, on emploie des dents croisées pour obtenir une résistance plus égale. Ces dents ont encore l'avantage sur celles très-larges, qui arrivent difficilement à porter dans toute leur largeur, que, dans le cas de la casse d'une dent, le travail ne s'en ressent pas, et que son remplacement est beaucoup plus facile.

SECTION II.

DESCRIPTION DE DIVERS MODÈLES.

ARTICLE Ier. — ENGRENAGES CYLINDRIQUES.

§ Ier. — *Roues en fonte.*

Lorsque les roues doivent être employées dans l'endroit où elles sont exécutées ou près de cet endroit, on cherche autant que possible, quelles que soient leurs dimensions, à les exécuter d'un seul morceau, attendu qu'elles reviennent ainsi meilleur marché et se déforment moins par le retrait.

PLANCHE XXVI.

Engrenage cylindrique en fonte. — La figure 1 présente un exemple de ce genre de roues, construites par MM. *Sudds*, *Barker* et *Adkins*, de Rouen, pour une presse horizontale à vis et à losange.

Cette grande roue en fonte, de $1^m,60$ de diamètre et de $5^m,026$ de circonférence, est montée sur l'arbre principal à vis de la presse; et a, comme nous l'avons dit, pour épaisseur du moyeu M à peu près le rayon *a b* de l'arbre A, avec lequel ce moyeu est rendu solidaire par la clavette *c*. La longueur *d e* du moyeu, figure 2, est une fois et demie celle *f g*, de la couronne C, dont l'épaisseur et la longueur sont égales à la hauteur et la largeur des dents, et de forme un peu conique, dans sa partie intérieure, pour la dépouille à la fonte.

La figure 2 est une coupe suivant la ligne 3-4, figure 1.

La forme rectangulaire des bras B, relevée de deux nervures raccordées par des moulures au corps des bras, est indiquée par la coupe K, figure 3, faite suivant les lignes 1-2, dans les figures 1 et 2. Ils sont de même largeur à la base et au sommet que le moyeu et la jante, qui ont, eux, une moulure sur le bord intérieur.

Le cercle primitif *l*, *m*, figure 4, sépare la hauteur des dents D, D en deux parties, qui sont entre elles comme 9:11, la plus grande formant le flanc de la dent.

Le vide V du pas P, P, et le plein p de la dent sont entre eux comme 14:12.

Cette roue est d'un seul morceau. Le nombre 6 des bras de cette roue divise exactement le nombre 108 qui est celui de ses dents.

Le clavetage de cette roue est un peu étroit; la largeur de la clavette est à peu près le 1/5 du diamètre de l'arbre, et est placée en face d'un bras, pour éviter le plus possible les chances de rupture au calage.

Quand les roues ont de grands diamètres ou de grands poids et doivent être expédiées au loin, il devient indispensable de les couler en plusieurs morceaux.

Engrenage cylindrique fondu en deux parties. — La figure 5 représente une roue d'un grand diamètre (près de $4^m,00$), coulée en deux parties, qui sont réunies par 10 boulons *b*. La roue a 8 bras, et la jonction de ses deux moitiés se fait suivant l'axe de deux bras opposés, dans la diagonale du moyeu, qui est carré.

Pour éviter le rabotage complet des deux faces destinées à être en contact, on a fait venir à la fonte des portées *a*, *a*, *a*, *a*, figures 5 et 6, qui sont seules dressées et forment les points de contact et d'assemblage des deux parties de la roue.

Cette roue présente une autre particularité dans la manière dont le moyeu est calé sur l'arbre. Au lieu de clavettes en coins, on s'est servi de vis *v*, *v*, figures 5 et 7, traversant le moyeu et prenant dans les écrous *c*, *c*, noyés dans l'intérieur du moyeu.

Cette disposition est beaucoup plus coûteuse que le calage au moyen de clavettes et ne présente pas autant de stabilité.

La figure 6 montre la face intérieure de réunion d'une des deux parties de la roue avec les portées *a*, *a* d'ajustement, les trous des boulons et les projections des écrous *c*, *c*, où s'engagent les vis *v*, *v*, dans les faces intérieures du moyeu.

La figure 7 donne le détail complet du mode de calage par une coupe passant par la ligne 1-2 du moyeu, figure 5.

La figure 8 représente en S la section d'un bras B, suivant la ligne 3-4, figure 5.

La section transversale de ce rayon, comme on peut le voir, a la forme d'une croix dont le grand bras est dans le sens de l'effort qui s'exerce sur la denture, c'est-à-dire parallèlement à l'axe de rotation.

La figure 9 donne en coupe les dimensions de la couronne C, ayant la même largeur que les dents et munie d'une nervure intérieure se raccordant avec les nervures des bras.

La figure 10 représente sur une plus grande échelle les rapports des dimensions des dents D, et montre la meilleure courbure des flancs, offrant une grande résistance.

Dans cet engrenage, le pas P, P est divisé dans le rapport de 13 à 15, et la hauteur de la dent dans celui de 7 à 10.

Enfin la figure 11 est une coupe horizontale, passant par l'assemblage des portées, au milieu de la longueur du bras en deux parties, suivant la ligne 5-6, figure 5.

PLANCHE XXVII.

Engrenage fondu de deux morceaux. — La figure 1 représente encore un engrenage cylindrique de 4 mètres de diamètre en deux morceaux et huit bras, portant au centre un engrenage de $1^{m},20$.

Dans ce double engrenage, le rapport des nombres des dents ne permettait pas le même genre de division; aussi tous les bras sont pleins, et les couronnes C, C′ seules sont coupées en *a*, *a*, *a*, suivant une ligne passant par le centre de l'arbre.

Le moyeu M est divisé suivant la ligne brisée *b*, *b*, *b*, afin de faire le joint perpendiculaire à l'axe des boulons *n*, *n* de serrage.

La figure 2 montre la face d'ajustement B, et les 7 trous de boulons *n*, *n*, *n*, qui servent à réunir de chaque côté de l'arbre les deux parties de l'engrenage et les portées *x*, *x*, *x*, d'ajustement.

y y sont des parties évidées du moyeu M, destinées à recevoir les clavettes de calage, qui sont au nombre de 8, comme nous l'avons remarqué pour les arbres carrés.

La figure 3 donne la coupe P, suivant la ligne 1-2, figure 1, du bras B et de ses nervures, l'assujettissement du petit engrenage les ayant toutes reportées du même côté.

La figure 4 est la coupe, suivant la ligne 3-4, figure 1, de la couronne C′ du petit engrenage.

La figure 5 donne la coupe de la couronne C du grand engrenage, suivant la ligne 5-6, figure 1.

La figure 6 représente l'élévation du joint de la couronne de cet engrenage extérieur et des portées d'assemblage *x*, *x*.

Cette roue est calée sur un arbre carré ayant pour section à peu près celles de l'arbre représenté, figures 1 à 6, planche VI.

Roue d'engrenage, la jante étant fondue séparément du croisillon. — La figure 7 est une autre disposition de roue en deux morceaux; ici, ce n'est pas le diamètre qui a nécessité la décomposition de l'engrenage en deux morceaux, c'est le poids; aussi on a préféré faire d'une seule pièce le moyeu et les bras, et d'une autre pièce la couronne; attendu que, par les grandes résistances à vaincre, il y a danger à faire ces pièces en deux morceaux, quelque soin qu'on apporte, d'ailleurs, dans l'ajustage de leur réunion.

L'assemblage se fait aux extrémités des bras, dont une portion a, b, c, d, figure 11, se loge dans le vide a', b', c', d', figure 9, ménagé à l'endroit des saillies qui porte la couronne C.

Cette disposition a l'avantage de ne faire servir les boulons d'assemblage qu'au serrage des pièces, et de leur éviter un effort de traction transversale qui tend sans cesse à les dévisser de leurs écrous et à les rompre.

La figure 7 donne donc l'élévation du moyeu carré avec l'amorce de ses huit bras, dont un assemblé à la couronne en F.

La figure 8 est une coupe du moyeu M, dont la largeur est les 4/3 de celle de la jante C, du bras B, et du joint J de réunion, traversé par les boulons b, b.

Cette coupe, passant par la ligne 1-2 de la figure précédente, montre la jante ayant la surface intérieure un peu conique, et garnie d'une nervure.

La figure 9 est une vue de face du vide pratiqué dans la saillie ménagée à la couronne, dans lequel vient s'emboîter l'extrémité du bras représenté figure 11.

La figure 10 représente en coupe le vide de la couronne dans lequel s'assemble l'extrémité du bras K de la figure 11, suivant la ligne 3-4 de la figure 9.

La figure 11 est une projection de face de l'extrémité K du bras B, s'assemblant dans la couronne de la roue.

La figure 12 est une vue de côté de l'extrémité du bras B.

La figure 13 montre une coupe du joint perpendiculairement au bras, et passant par l'axe des boulons b, b de la figure 8, suivant la ligne 5-6.

Enfin la figure 14 représente une coupe du bras par la ligne 7-8 des figures 7 et 8. Cette section, comme les précédentes, a la forme d'une croix, le grand bras se trouvant toujours dans le sens de l'effort à la circonférence, et un peu conique pour la dépouille au moulage.

PLANCHE XXVIII.

Roue cylindrique en fonte à couronne indépendante et fondue en plusieurs morceaux assemblés. — Les figures représentées sur cette planche donnent les détails d'une roue d'engrenage d'un diamètre et d'un poids considérables; elle a 5 mètres de diamètre; c'est de plus une roue de forge anglaise; aussi les dents sont-elles à demi noyées dans la couronne, à cause du travail qu'elles ont à effectuer.

Les cordons latéraux ont pour largeur, ainsi que nous l'avons déjà dit, la moitié de l'épaisseur de la dent de chaque côté.

Comme dans la roue précédente, le moyeu et les bras sont d'un seul morceau, mais la couronne est partagée en 8 pièces ou segments, assemblés deux à deux dans les extrémités des 8 bras. Cette disposition de la couronne présente un avantage, c'est que, si une dent vient à se briser, on n'est obligé de remplacer que le segment dont cette dent fait partie et non la couronne entière.

Figure 1, élévation de face de cette roue à jante indépendante de 144 dents encastrées, et partagée en 8 segments égaux, contenant chacun 18 dents, et dont le moyeu est octogonal.

Figure 2, coupe du moyeu M de la couronne C et d'un bras B, suivant les lignes 1-2 et 3 de la figure 1; le moyeu a pour largeur celle de la couronne et un tiers en plus.

Figure 3, élévation vue du bout d'un des segments de la couronne, montrant les portées *y* qui servent à leur assemblage.

Figure 4, coupe de deux bouts de segments opposés, faite dans le sens 4-5, de la figure 3, de la rotation de la roue.

Figure 5, coupe de la forme en croix d'un bras, suivant la ligne 6-7, figures 1 et 2, montrant les fortes nervures et les moulures qui le composent.

Les deux figures 3 et 4 mettent en évidence les portées et vides d'ajustement des segments entre eux.

Avec un assemblage comme celui employé pour cette roue, la couronne ne présente pas grand inconvénient à être de plusieurs morceaux. Elle est assemblée dans chaque bras à queue d'hironde, et maintenue par des coins en fer *x*, *x*, fortement serrés; de plus, les extrémités des segments ont une saillie *y*, *y*, figures 1 et 4, entrant l'un dans la mortaise pratiquée dans l'autre.

Cette dernière disposition donne sans doute de la rigidité à l'assemblage de la couronne, mais elle a l'inconvénient de rendre difficile la sortie des segments, lors des réparations et des rechanges, et de plus elle ne permet pas de raboter aussi commodément les portées d'ajustement.

§ II. — *Pignons.*

PLANCHE XXIX.

Cette planche représente différents genres de pignons ou roues dentées en fonte, dont les dents font corps avec elles.

Pignon à trois bras. — Figure 1, élévation d'un pignon en fonte, à trois bras, calé sur un arbre circulaire à tourillon conique semblable à celui d'un tour, représenté figure 10, planche XI.

Figure 2, coupe longitudinale de ce pignon et du calage conique, suivant la ligne 1-2 passant par l'axe d'un bras de la figure précédente. On voit dans cette figure la forme conique de la surface intérieure de la jante C et du moyeu M donnant la dépouille.

Figure 2 *bis*, coupe d'un des bras B, ainsi que les moulures sur leurs bords extérieurs, suivant 3-4 des figures 1 et 2.

Le diamètre de ce pignon est de.	$0^m,640$
Sa circonférence.	$2^m,000$
L'épaisseur des dents de.	$0^m,024$
Leur largeur qui est celle de la couronne. .	$0^m,184$
Et leur hauteur de.	$0^m,036$
Le pas de l'engrenage.	$0^m,060$

Ce pignon est celui d'un tour anciennement établi à l'usine de Charenton, ayant à peu près toutes les proportions indiquées comme construction, et dont le palier a été donné fig. 6 à 10, pl. XVIII, pour sa bonne construction.

Pignon à quatre bras. — Figure 3, vue en élévation d'un pignon ordinaire à quatre bras devant être calé sur un arbre cylindrique.

Figure 4, vue en coupe de ce pignon, suivant la ligne brisée 1-2 et 3, passant par le centre de la figure 3.

Figure 5, coupe du bras par les lignes 4-5 des figures 3 et 4.

Outre la clavette *y* de calage sur l'arbre, le moyeu est encore traversé par la vis *v*, dont le but est d'empêcher le pignon de se mouvoir dans le sens de la longueur de l'arbre. Cette disposition s'emploie souvent pour les pignons mobiles à volonté sur un prisonnier *y*, pour les faire engrener et désengrener.

Pignon à huit bras. — La figure 6 donne l'élévation d'un pignon en fonte à huit bras pour un arbre carré. La disposition des bras par rapport à la couronne n'est pas la même que dans les roues précédentes.

Figure 7, coupe suivant la ligne brisée 1-2 de la figure 6.

Figure 7 *bis*, coupe suivant la ligne 3-4 du croisillon.

Pignon à quatre bras. — Figure 8, élévation d'un autre pignon pour un arbre rectangulaire. La seule différence qui existe entre celui-ci et le précédent, c'est qu'il n'a que quatre bras et qu'il est calé sur son arbre carré au moyeu, de la même manière et avec les mêmes dispositions que l'engrenage de la figure 5, pl. XXVI, c'est-à-dire avec des vis traversant le moyeu et prenant dans des écrous noyés dans son intérieur au lieu de clavettes ayant forme de coin, calage bien préférable.

Figure 9, coupe passant par la ligne brisée 1-2 de la figure 8, traversant le milieu d'un des côtés du carré du moyeu et passant par l'axe d'un des bras du croisillon et d'une dent.

Pignon en deux morceaux. — Figure 10, représente un pignon en deux morceaux, réunis par quatre boulons. Cette disposition, employée quelquefois, est commode pour adapter un pignon sur de gros arbres, surtout les arbres en bois, sans avoir à enlever l'arbre pour emmancher le pignon.

Figure 11 en est une coupe suivant la ligne 1-2, passant par un des joints d'assemblage, le moyeu et la jante.

Figure 12 est une coupe en 3-4 d'un des huit bras que comporte ce pignon de quatre-vingts dents.

Pignon permettant de déranger l'arbre sans faire tourner l'engrenage (cas particulier). —Les figures 13 à 17 représentent en détail une des roues de la machine à imprimer à trois couleurs, construite par M. *A. Koechlin*, de Mulhouse.

Cette roue de plusieurs pièces, placée sur l'axe des rouleaux gravés, permet par sa disposition de régler le travail avec une très-grande précision par rapport au cylindre-presseur.

Elle se compose d'une *couronne* renforcée d'une *nervure* a,a formant disque, ayant une ouverture centrale pour laisser passer le moyeu fondu avec l'autre disque intérieur n,n s'appliquant sur le premier, qui porte à sa circonférence la denture. — b,b, autres ouvertures pratiquées sur le disque extérieur a, par lesquels passent les boulons c,c, du disque intérieur n, recevant à leurs extrémités des écrous de pression; ces écrous une fois serrés, les deux disques font corps ensemble et constituent une roue dentée ordinaire, mais dans le cas contraire, il est facile de se rendre compte par le dessin, que l'on pourrait faire tourner le disque-moyeu n et, par suite, l'arbre sans déranger l'engrenage et produire dans le rouleau gravé, placé sur cet arbre, un mouvement circulaire plus ou moins grand. — d, grande ouverture sur le disque-couronne, ayant deux oreilles e,e venues de fonte, dans lesquelles passe une vis de rappel g servant à opérer avec précision, et de la quantité voulue, le glissement des disques l'un sur l'autre, au moyen du boulon écrou f fixé au disque-moyeu n dans la tête duquel passe la vis à deux têtes g.

La figure 13 est une vue de face et en élévation de cette roue du côté du mouvement de déplacement.

Figure 14, vue de profil en coupe suivant la ligne 1-2 de la figure précédente, passant par les ouvertures oblongues dans lesquelles les boulons c du disque-moyeu glissent.

Figure 15, autre section suivant 3-4 de la figure 13, passant par la grande ouverture et le boulon-écrou, servant à rappeler, dans un sens ou dans l'autre, le disque-moyeu calé sur l'arbre des rouleaux.

Figure 16, détail du boulon-écrou f de la vis de rappel g, a deux têtes dont l'une est rapportée pour son passage dans les oreilles et maintenue par une goupille s'enlevant à volonté. Les deux têtes de cette vis s'appuient sur les oreilles e du disque-couronne.

La figure 17 est la petite rondelle que l'on place entre les têtes de la vis, de façon à ce qu'elles portent parfaitement sur la partie convexe des oreilles.

§ III. — *Roues en fonte à dents en bois.*

Les dentures en bois présentent sur celles en métal quelques avantages, qui sont : en premier lieu, de rendre les roues plus légères, et partant, de moins fatiguer les arbres ; en second lieu, elles marchent avec peu ou point de bruit ; en troisième lieu, elles n'usent pas les dents des roues à denture en fonte, avec lesquelles elles engrènent.

Comme en outre les dents se remplacent séparément, les réparations et les changements sont faciles lorsque ces dents viennent à s'user.

Les dents en bois se construisent généralement avec une épaisseur un peu plus forte que celle qu'on donne aux dents en fonte pour obtenir de la résistance et obvier à l'usure : ces épaisseurs sont dans le rapport de 1 à 1, 2, comme il a déjà été dit.

Le jeu est le même que pour les engrenages à dents de fonte.

Quand elles sont très-larges on les fait quelquefois de deux morceaux.

La forme des mortaises pratiquées dans la couronne de la roue doit être faite un peu conique, afin que les dents qui viennent s'y fixer n'arrivent pas à passer au travers et à tomber lorsqu'elles se dessèchent.

On fixe les dents en bois à la couronne, au moyen de tiges ou goupilles en fer en une seule ou deux parties que l'on enfonce dans le tenon de la dent contre le cercle intérieur de la couronne.

Les goupilles en deux parties enfoncées de chaque côté de la jante sont bien préférables pour la facilité de l'ajustement ; on n'est pas obligé de percer un trou qui, traversant le tenon de la dent, est dans l'obligation de toucher juste à la jante de l'autre côté.

On a essayé de remplacer ces tiges par des coins en bois, en terminant le tenon de la dent en queue-d'hironde; ce système a l'avantage, lorsque l'on place les dents, de pouvoir rectifier l'imperfection qui existe parfois dans la mortaise de la couronne pour la division de la roue ; mais c'est une mauvaise disposition, parce que si ces coins viennent à se dessécher, ils se desserrent, tombent, et rien ne s'oppose plus à la sortie de la dent.

Les bois que l'on choisit pour faire les dents des engrenages sont des essences les plus dures, tels que le cormier, le charme, l'orme, le sorbier, l'alisier (voir Art. *bois*, page 8 de cet ouvrage), et mieux encore les bois durs exotiques, tels que le gaïac, etc.; mais l'emploi de ces derniers est très-restreint, à cause de leur prix élevé.

Le bois de hêtre, que l'on emploie très-souvent à cause de son bon marché, donne aussi de très-bons résultats dans la construction des dents ; mais il s'altère promptement à l'humidité. Il faut employer tous ces bois bien secs et très-durs ;

cependant lorsqu'ils sont trop frais, on peut s'en servir en les faisant bouillir dans l'huile.

La méthode employée en construction pour diviser un engrenage cylindrique à dents de bois, dont on a rendu divisible le nombre de dents, par celui des bras du croisillon, pour en faciliter l'ajustement à la couronne, est celle-ci : après avoir placé les dents de bois, nommées aussi *alluchons*, dans les mortaises, venues de fonte, sur la jante de la roue, qui a été préalablement tournée et destinée à les y recevoir, et retenues à l'intérieur de la couronne par des goupilles, il faut remplir les intervalles avec des coins en bois ; placer ensuite la roue sur le tour, afin de donner aux dents la courbe qui les limite ; marquer la ligne de portée sur les dents de l'anneau en bois, ayant la même dimension que sur la figure en fonte devant engrener avec elle et à la même distance du bord ; diviser les dents en prenant le pas de la roue à dents de fonte comme division ; tracer leur épaisseur de chaque côté de ces divisions prises comme axes des dents, en ayant soin de leur donner une dimension plus forte que celles du pignon en fonte, avec lesquelles elles doivent engrener; puis refendre à la scie et leur donner en dernier lieu la courbure en la rectifiant avec un calibre où les dents sont découpées en creux selon la courbe voulue.

PLANCHE XXX.

Roue cylindrique en fonte, d'un seul morceau, à dents de bois. — La figure 1 représente une roue en fonte à six bras, coulée d'une seule pièce, dont les dents sont en bois.

La figure 2 en est une coupe verticale, passant par la couronne C, une des dents de bois D et le moyeu M. La jante étant plus large par les épaulements existant de chaque côté des dents que dans les engrenages en fonte, d'environ les deux tiers de la hauteur de la dent de chaque côté, le moyeu aussi participe de cette augmentation et reste toujours dans le même rapport avec la jante.

La figure 3 est une portion, vue en profil, de la couronne; montrant les ouvertures de forme conique, qui y sont ménagées pour le passage des tenons des dents.

La figure 4 représente une dent de face et de profil sur une plus grande échelle; le ponctué *m*, *n*, indique le trou percé dans toute la longueur du tenon de la dent pour le passage de la goupille qui est d'un seul morceau. Cependant pour les deux dents qui se trouvent en face d'un bras B, comme on peut le voir en D, D, fig. 1 et 2, qui ont leur tenon taillé en enfourchement, le bras pénétrant dans une partie de la mortaise, l'on a été forcé de diviser la goupille en deux et de l'enfoncer de chaque côté de la couronne.

La forme de cette dent n'est pas celle généralement adoptée en construction;

pour lui conserver toute sa force, il est d'usage de faire le tenon de même dimension que la dent, voire même plus fort, afin d'éviter qu'elle ne porte sur la couronne; celle-ci, au contraire, possède un épaulement très-saillant pris sur l'épaisseur du tenon, ce qui diminue sa force et peut entraîner des accidents. Il existe cependant, pour remédier un peu à ce défaut, un chanfrein dans les bouts pour soutenir la saillie qui est plus forte dans cette partie,

La figure 5 donne la coupe d'un des bras B du croisillon, suivant la ligne 1-2, fig. 1 et 2. A la réunion des bras de la croix que forment les nervures, il existe des chanfreins nécessaires à la fonte pour éviter les angles rentrants trop vifs.

Roue fondue en deux morceaux, à dents de bois de deux pièces. — La figure 6 représente une roue d'engrenage cylindrique, fondue de deux morceaux, à dents de bois de deux pièces.

Cette roue de 152 dents, construite par M. *Frœlick*, pour une machine à papier, possède huit bras, est en deux morceaux, réunis comme celle de la figure 5, pl. XXVI, suivant l'axe des deux bras opposés sur le même diamètre. Cette réunion est faite au moyen de huit boulons *a*, *a*, *a*, et des quatre bagues *x*, *x*, figure 13, qui viennent embrasser les mamelons *y*, *y*, voir figure 6 et 7, venues à la fonte au moyeu.

La figure 7 est la vue de l'intérieur du bras de jonction ou bras double et du moyeu.

La fig. 8 est une coupe du moyeu M, suivant 3-4 de la fig. 6, passant entre deux bras. Sa longeur égale à peu près les quatre tiers de la largeur de la couronne. Ce moyeu octogonal est calé sur un polygone semblable, venu à l'arbre creux circulaire en fonte A, sur lequel il est monté.

La figure 9 est la coupe du bras double de cet engrenage, suivant lequel se fait la réunion des deux parties de l'engrenage.

Figure 10, coupe d'un bras simple.

Figure 11, demi-dent agrandie montrant le trou *c* de la goupille qui sert à la fixer sous la couronne.

La figure 12 montre la dent jumelle dans la fonte de la couronne, qui est vue en coupe, et donne les épaisseurs de cette partie de la fonte. L'angle de la surface extérieure de cette couronne ne porte pas de moulure comme celle de la roue précédente, fig. 2, elle est à vive arête.

Comme la portée de serrage du boulon placé sous la couronne empêche la dent D, fig. 7, qui se trouve sur le joint d'avoir autant de queue que les autres, sa goupille en fer passe de part en part au centre de la couronne C.

La construction de ces dents est, comme nous l'avons dit plus haut, très-mauvaise et très-coûteuse; cette dernière figure ne possède même pas le chanfrein sous l'épaulement pour donner de la force à la dent.

Enfin la figure 13 représente de face et de profil en coupe une des bagues x qui embrassent les mamelons y, venus à la fonte sur le moyeu de la roue.

PLANCHE XXXI.

Roue d'engrenage en fonte, d'un seul morceau, à dents en bois. — Les figures de cette planche représentent les détails d'une roue d'engrenage en fonte, d'un seul morceau, à dents de bois, montée sur l'arbre moteur en bois, de forme octogonale, qui a été représenté figure 1, planche IX, de la roue hydraulique, de la force de vingt chevaux, du moulin à blé (système américain) établi par M. *Feray*, à Boissy-la-Rivière.

Cette roue marche à une vitesse de trois tours et demi par minute, elle porte à sa circonférence cent quatre dents, divisibles par le nombre huit des bras du croisillon, dont les tenons sont de même épaisseur que la dent. La saillie de chaque bout de la dent pénètre dans l'intérieur de la couronne à peu près au tiers de son épaisseur. La largeur de son moyeu est de un tiers plus large que la jante.

Les surfaces intérieures de la jante et du moyeu sont droites, de légèrement coniques qu'elles devraient être pour la dépouille à la fonte.

La figure 1 représente cette roue, vue de face, et son mode de calage sur l'arbre en bois A, qui s'opère par des vis traversant le moyeu M, et venant porter sur des plaques en fer b, b, encastrées dans des ouvertures pratiquées sur chaque face de l'arbre.

La figure 2 est une coupe suivant la ligne brisée 1-3 de la figure 1, faite en avant d'un bras, coupant la jante C en passant par l'axe d'une dent D, ainsi que le moyeu M par un passage à deux vis de calage, et se continuant dans le corps d'un bras B et de sa nervure.

Une portion de l'arbre en bois a été figurée dans cette vue de profil, afin que l'on puisse bien se rendre compte du calage de cette roue par une et deux vis traversant le moyeu alternativement.

On voit en a, a, figure 1, comment la nervure du bras qui se raccorde avec le moyeu se trouve interrompue lorsqu'il n'y a qu'une seule vis pour le calage.

La figure 3 donne une coupe passant par la ligne 4-5 de la figure 1 du calage à une seule vis, passant dans le moyeu M et interrompant la nervure du bras.

La figure 4 est une section faite par la ligne brisée 6-7 de la figure 1, montrant le tenon à enfourchement d'une des dents qui se trouvent en face d'un bras, et retenue par des goupilles divisées en deux.

La figure 5 est la coupe d'un des huit bras du croisillon de la roue suivant la ligne 8-9.

PLANCHE XXXII.

Roue d'engrenage en bois avec couronne en fonte. — La grande roue en bois représentée sur cette planche par les figures 1 à 7 a sa jante seule en fonte fondue de quatre morceaux, assemblés par des boulons; les dents en bois sont de deux pièces, comme celle de la figure 6, planche XXX, et sont retenues à la couronne par des coins en bois comme le montre suffisamment le dessin.

Figure 1, vue de face de la roue dont la circonférence est armée de 228 dents jumelles en bois.

Le moyeu de cette roue est formé : de deux grandes pièces de bois formant bras B, B, traversant la roue, de quatre autres pièces B', B', venant s'assembler à angle droit sur les premières B, B, par des cornières en bois, servant également de bras, de deux autres petites pièces M', M', également assemblées aux premières B, B, par des coins, et terminant le passage de l'arbre dans le moyeu. Ces petites pièces, ainsi que les deux grandes, sont disposées dans ce passage en plans inclinés pour recevoir des coins pour le calage.

Des segments M, au nombre de huit, viennent compléter dans cette roue le moyeu en s'assemblant à tenon sur les différentes pièces B, B', servant de bras. Les quatre petits bras B'' s'assemblent sur les segments M et sont retenus à enfourchement à leur autre extrémité, dans une boîte en fonte, venue à la couronne, de la même manière que les grands bras.

Cette construction ne peut être employée que pour des roues de très-grands diamètres et n'ayant que de petits efforts à supporter.

La longueur du moyeu est un peu plus grande que les 4/3 de la jante, c'est-à-dire égale au 3/2 de sa largeur.

Fig. 2. Vue en coupe, passant par la ligne 1-2 de la figure 1 de la boîte en fonte de la couronne, d'un des petits bras B'', et de la diagonale du carré du moyeu.

Fig. 3. Section verticale par un assemblage de la couronne et du calage, suivant la ligne 3-4.

Fig. 4. Coupe de la couronne et de son assemblage par un plan parallèle à la roue, suivant la ligne 5-6, de sa projection horizontale, figure 5. Tous les détails, figure 4 à 7, sont moitié plus grands que les ensembles.

Fig. 5. Plan horizontal de la couronne et de son assemblage.

Fig. 6. Coupe de la jante en fonte dans le sens de l'axe de rotation, et détail des dents jumelles et de leur assemblage.

Fig. 7. Cette vue, qui est la projection de face de la précédente, montre les dents à queue-d'hironde et leur assemblage avec des coins; la queue de ces dents fait ordinairement saillie de 4 à 5 millimètres de moins que la dent et dans le sens parallèle à l'axe de rotation de 8 à 10, et pour le serrage elles ont une saillie intérieure dans la jante, taillée en queue-d'hironde de 2 à 3 millimètres pour le serrage des coins.

Dans les figures 4 à 7, on aperçoit la séparation, moins haute que la jante, venue à la fonte dans la mortaise de la couronne.

Article II. — Engrenages coniques.

§ I. — *Roues en fonte.*

Comme nous l'avons déjà dit, les engrenages droits sont considérés comme composés de deux cylindres roulant l'un sur l'autre; on peut également admettre un engrenage conique comme composé de deux cônes roulant l'un sur l'autre et s'entraînant par le frottement, le sommet commun étant à l'intersection de leurs axes. Les engrenages cylindriques engrènent entre eux ou avec des crémaillères, mais les engrenages coniques n'agissent qu'entre eux.

Les règles de construction des engrenages coniques, ainsi que les lois du rapport des vitesses et de la résistance sont absolument les mêmes que celles des engrenages cylindriques, ils ne présentent que quelques difficultés de dessin de plus que ces derniers; nous nous bornerons donc à un petit nombre de modèles d'engrenages coniques.

Dans la pratique, la meilleure manière de faire des modèles corrects d'engrenages coniques est la suivante : on commence par tourner le cône destiné à former le creux des dents, on fait l'épure exacte des diverses dimensions et formes des dents à leurs deux extrémités, on les trace au moyen de deux calibres aux deux bouts des bois coupés de la longueur des dents, et on les finit au rabot. Cela fait, on figure, à sa distance, le sommet du cône laissé sur le tour; puis, au moyen d'une ficelle blanchie avec de la craie, on trace les différentes génératrices passant par les points de division marqués sur une circonférence du cône, indiquant l'espacement des dents; c'est généralement la circonférence moyenne; il ne reste plus qu'à fixer exactement les dents suivant les génératrices ainsi indiquées.

PLANCHE XXXIII.

Roue d'engrenage conique en fonte de petit diamètre. — La figure 1 représente un engrenage conique de petit diamètre dont la denture est en fonte.

La figure 2 est une coupe de cette même roue passant par l'axe de la nervure d'un bras, le moyeu et la couronne.

On voit en S le sommet du cône primitif de la roue.

La figure 3 est une section d'un des quatre bras de la roue par la ligne 1-2, figures 1 et 2.

La figure 4 montre sur une plus grande échelle les dimensions des dents et leur courbure.

La seule différence qui existe entre la forme générale à croisillon des bras des engrenages cylindriques et la forme des bras de ces engrenages, comme avec celle des bras de l'engrenage des figures 9 et 11, même planche, est que la section de ces bras, au lieu de former une croix, au milieu de la largeur de la couronne, a sa nervure transversale d'un seul côté, de celui du plus petit diamètre de la roue, de manière à représenter la forme de la lettre T, et cela à cause du moulage.

On remarquera alors que les nervures qui relient le moyeu à la couronne, c'est-à-dire le sens de l'effort qui s'exerce sur la denture, se trouvent toutes du côté extérieur de la roue et sont toutes raccordées par des chanfreins pour la dépouille à la fonte, comme il a été dit précédemment.

Roue d'angle en fonte à vis de pression pour le calage. — Figure 5, cette roue ne diffère de la première qu'en ce qu'elle porte à travers son moyeu, en plus de la clef, deux vis a,a, servant à le serrer sur son arbre.

Figure 6, coupe verticale représentant en profil la section par l'axe d'un bras du moyeu et de la couronne.

La figure 7 représente une section horizontale d'un bras suivant la ligne 1-2 des figures 5 et 6.

La figure 8 donne sur une plus grande échelle les dimensions d'une des dents.

§ II. — *Roues en fonte à dents en bois.*

Engrenage conique en fonte d'une seule pièce et à dents de bois. — Les figures 9 à 13 représentent un grand engrenage conique en fonte d'une seule pièce à dents de bois. Ses formes et sa construction sont très-simples.

La figure 9 en est une vue du côté opposé à la denture, c'est-à-dire de la face extérieure de la couronne C, montrant la projection de face des mortaises qui s'y trouvent pratiquées et des tenons des dents de bois D, dont les côtés concourent au centre de la roue.

La figure 10 est une projection latérale en coupe donnant la section de la couronne et du moyeu M, de forme un peu conique, par le passage d'une des deux vis de pression a pour le serrage sur l'arbre.

On voit par cette section dans la jante que les dents de bois sont ajustées de la même manière que dans les engrenages droits, par des goupilles en fer qui se trouvent chassées dans la partie du tenon qui dépasse la jante. Les lignes de côté des tenons et des dents se dirigent au sommet S.

La position occupée par les bras du croisillon, ou la partie pleine, qui dans certains cas les remplace pour les roues de très-petit diamètre, étant, comme nous l'avons dit ci-dessus, situés de façon à laisser libre l'intérieur de la couronne pour le passage des tenons et leur ajustement, a encore cet avantage d'éviter les dents à enfourchements qui, dans les engrenages cylindriques, se rencontraient sur le raccord de la nervure placée dans le sens de la rotation; le nombre de dents étant rendu divisible par celui des bras du croisillon.

Figure 11, section horizontale d'un des six bras de la roue, faite suivant la ligne 1-2, figures 9 et 10.

Figure 12, vue par le bout d'une des dents de bois.

La figure 13 est une projection latérale de la dent.

Roue d'engrenage conique en fonte à couronne indépendante fondue en plusieurs segments assemblés et à dents de bois.— Les figures 14 à 19 représentent les détails d'une grande roue d'angle, de $2^m,50$ de diamètre, portant cent quatre dents en bois, montée sur l'arbre, représenté figures 1 et 2, pl. III, de la roue hydraulique du moulin à blé, de construction française, établi à Saint-Denis, chez M. Benoît, par MM. *Aitkin* et *Steel*.

La figure 14 est une vue de face de l'assemblage de la couronne C avec un des 8 bras du croisillon B, fondus à part avec le moyeu, dans des saillies *a* ménagées sous la couronne dans lesquelles ils viennent s'emboîter et se fixer par des boulons carrés à écrous *b, b*.

La figure 15 est une coupe par la ligne 1-2 montrant en profil l'assemblage d'un bras, dans l'encastrement de la partie en saillie *a* fondue avec la couronne, et son assujettissement par les boulons *b, b*.

La figure 16 est une vue de face représentant l'assemblage de deux des quatre segments qui composent la jante réunis par des boulons.

Les oreilles *c*, qui sont venues de fonte aux extrémités de chaque segment, ont des parties évidées *d*, du côté de l'ajustement, afin d'éviter de trop grandes parties à dresser pour l'assemblage à boulons; elles servent aussi au passage de la queue de la dent en bois, pour la fixation de laquelle une ouverture *e* a été pratiquée afin d'assurer le passage de la goupille.

Comme il est important que le nombre de dents soit en rapport avec celui des segments formant la couronne, chaque segment reçoit 25 mortaises et une demie à chaque extrémité pour l'assemblage de la dent qui s'y trouve placée.

La figure 17 est une coupe faite en avant des oreilles *c* servant à l'assemblage des segments de la couronne entre eux.

Cette section passe par une des mortaises pratiquées dans la couronne et qui n'ont pas tout à fait la même forme que celles adoptées pour les roues cylindriques.

La figure 18 est une vue du côté de l'évidement de l'oreille, ou par le bout du segment, servant aussi au passage du tenon de la dent, et de l'ouverture *e* du passage de la goupille en fer destinée à la fixer à la couronne.

Avec un assemblage comme celui qui est employé pour cette roue, il n'y a pas grand inconvénient à ce que la couronne soit de plusieurs morceaux; les ajustements étant bien faits, la solidité sera aussi grande que si elle était d'une seule pièce.

La figure 19 est une coupe d'un des bras. Ces bras sont fondus avec le moyeu et réunis à la couronne, comme on l'a décrit ci-dessus; dans des encadrements disposés pour cela sous le revers de la roue.

C'est la grande dimension de cette roue qui a nécessité sa décomposition en plusieurs morceaux; cette disposition en facilite le transport et la pose.

PLANCHE XXXIV.

Engrenage conique en fonte à doubles dents de bois, la couronne fondue séparément du croisillon. — Cette planche donne les détails d'un engrenage conique à dents doubles en bois. La partie en fonte de cet engrenage est en deux morceaux : la couronne d'une part, et le croisillon formé du moyeu et de ses bras, de l'autre.

La figure 1 est une vue de face extérieure de cette roue la donnant assemblée, mais dégarnie de ses dents.

La figure 2 est une coupe verticale de la jante C et du moyeu M, en ménageant le bras B. Dans la partie au-dessous de cette roue en profil coupé, on a supposé la couronne enlevée, mais on l'a figurée en ponctués ainsi que la dent double D.

La figure 3 montre un bras détaché et sa nervure se prolongeant jusqu'en *a* et venant s'encastrer dans une rainure *b* pratiquée dans la couronne C. (Voir figure 2 et 4.)

La figure 4 est une vue d'une portion de la jante sur sa face extérieure, côté des tenons des dents, laissant voir la rainure *b* destinée à recevoir la nervure *a* du bras, se prolongeant dans toute la largeur de la couronne de la roue, ainsi que les saillies *d* fondues avec la couronne et portant des encastrements rectangulaires dans lesquels vient s'ajuster et se fixer l'extrémité de chaque bras, au moyen de boulons à écrou *c*, comme le montre le ponctué de cette figure.

La figure 5 est une coupe horizontale de l'assemblage du bras à la couronne, passant par l'axe des deux boulons *c*, *c* qui servent à l'y assujettir, suivant la ligne 1-2, fig. 2 et 4.

Figure 6, coupe du bras et de ses nervures suivant la ligne 3-4, figures 1 et 2. Le moyeu se trouve relié à la jante de chaque côté du bras, par une nervure qui diffère de largeur, attendu la position occupée par le bras sur le moyeu de la roue.

L'assemblage du moyeu avec l'arbre a cela de particulier, que c'est le dernier qui est polygonal, et le moyeu qui est rond (comme celui de la roue du moulin de Saint-Denis, de la planche précédente, qui n'a pu être représenté faute de place);

on a pratiqué des entailles dans ce moyeu, et le calage a été fait dans ces entailles sur les faces de l'octogone de l'arbre par des doubles clavettes : c'est le meilleur mode de calage sur des arbres à plusieurs faces.

PLANCHE XXXV.

Réunion d'engrenages, cylindrique et conique, sur la même roue. — Dans cette planche, on a représenté l'assemblage d'une roue cylindrique en deux pièces et à dents de bois, sur les bras de laquelle est monté un engrenage conique entièrement en fonte.

Cette roue est le grand rouet ou hérisson d'un moulin anglais; elle reçoit son mouvement du pignon d'angle fixé sur ses bras, qui le reçoit lui-même d'une autre grande roue conique à dents de bois, montée sur l'arbre du moteur, pour le transmettre à la fois aux pignons cylindriques placés sur les fers des meules courantes.

Les deux parties séparées de cette grande roue cylindrique sont la couronne et le croisillon; sur chacun des bras on a fait venir de fonte un renflement convenable sur lequel s'ajuste une partie à rebord, reliée par une nervure à la couronne de l'engrenage conique. L'ajustement se fait au moyen de deux boulons à chaque renflement.

La figure 1 est une vue de face de la roue du côté opposé au pignon conique C′ et à l'assemblage des bras dans l'encastrement de la saillie venue de fonte avec la couronne C de la roue cylindrique.

La figure 2 est une coupe en profil, montrant l'assemblage des bras B avec la couronne C de l'engrenage cylindrique, et le mode d'ajustement du pignon conique C′ en fonte, sur les bras de la grande roue. Le moyeu a pour longueur presque 3/2 de la largeur de la jante.

La figure 3 représente une coupe de l'ajustement de l'engrenage conique, passant par la ligne 1-2 de la figure 2; le bras seul B, de la grande roue, se trouve coupé par le renflement *a*, et laisse voir la partie à rebords *b*, et à nervure *c*, du pignon C′ venant s'y ajuster.

La figure 4 est une portion de la vue de face de la couronne de la roue cylindrique du côté de la saillie, portant l'encastrement destiné à l'assemblage de l'extrémité du bras B, figure 7.

La figure 5 est une coupe horizontale renversée de la portée, dans laquelle le bout du bras B vient s'assembler avec la couronne de l'engrenage cylindrique.

Cette section est faite suivant la ligne 3-4, figure 2 et 4, passant par les deux boulons de serrage.

La figure 6 est une coupe verticale de la couronne, par la saillie et son encastrement, et le passage de la dent à enfourchement.

Enfin, la figure 7 montre une portion du bras, celle qui vient s'ajuster dans la partie de l'encastrement représentée fig. 4.

PLANCHE XXXVI.

Engrenage à lanterne, ou roue dite de champ à alluchons engrenant avec une lanterne. — Cette planche, qui représente une roue d'un système tout particulier, dont nous avons déjà parlé, est employée dans les moulins à bras, et principalement dans les manéges. C'est la roue dont les dents portent le nom de *coyaux* ou *alluchons*, servant à faire mouvoir les lanternes.

La roue, dessinée en élévation de face du côté des dents, figure 1, est le rouet en fer d'un moulin à bras, par M. *Ovide;* elle porte trente-six alluchons ou dents en bois de cormier ou autre bois dur, et diffère essentiellement des autres roues d'engrenage, en ce qu'ayant ces dents perpendiculaires à son plateau elle se meut tangentiellement à un cylindre dont l'axe est perpendiculaire au sien.

Cette disposition nécessite une forme particulière de dents, dont nous croyons devoir décrire le tracé ci-après, figure 5 et 6, afin de faire voir comment chaque dent doit être taillée pour pouvoir passer librement entre les *fuseaux* de la lanterne cylindrique.

Plusieurs dents ont été enlevées dans cette vue afin de laisser apercevoir les mortaises et les trous cylindriques servant au passage des queues de chacune des dents.

La figure 2 est une coupe-profil qui laisse voir en D que la tête des alluchons est engagée dans la fonte de quelques millimètres ; cette disposition concourt à les consolider sur la couronne ou plateau; les goupilles qui les retiennent fixés au plateau s'aperçoivent également dans cette vue.

Le passage de l'arbre dans le moyeu de cette roue est carré.

La figure 3 représente une vue en coupe, suivant la ligne 1-2 du plan, figure 4, de la lanterne menée par la roue à alluchons, qui consiste en deux disques circulaires ou plateaux en fonte et parallèles PP, montés sur un même axe et reliés à la circonférence par treize tiges cylindriques FF, également espacées autour du centre, qui portent le nom de *fuseaux.*

La figure 4 donne le plan horizontal de cette lanterne, laissant voir les treize fuseaux en ponctués, fixés entre les deux plateaux de ce pignon, ainsi que le passage de l'arbre vertical sur lequel ce pignon est calé et à l'extrémité duquel se trouve la meule tournante.

Le rouet C est monté sur l'arbre horizontal moteur portant la manivelle. On voit que le rapport du rouet à la lanterne est égal à $\frac{36}{13} = 2,77$. Les lanternes sont ou en bois, ou en fonte et bois, ou en fonte et fer.

Tracé de la tête des alluchons. — Les figures 5 et 6 représentent ce tracé des dents sur une échelle au double de celle des ensembles, figures 1 et 2.

Soit E le centre de la roue C, *bcd*, l'emplacement de trois alluchons consécutifs sur la circonférence primitive *b,d* de la roue décrite du point de centre E.

Divisez l'intervalle *cd*, de deux alluchons consécutifs, en quartorze parties égales; l'épaisseur *ef* de l'alluchon au centre sera de sept de ces divisions; sa largeur *g h* de onze, et sa saillie *i k*, figure 6, hors de la fonte de 9.

On élèvera par les points *g* et *h*, obtenus des perpendiculaires *hs*, *gs* au rayon E*c* prolongé, qui rencontreront aux quatre points *s s* les rayons E*e*, E*f* prolongés.

Des points *b* et *d* menez les lignes *o p* parallèlement au rayon E*c* et avec un rayon égal à trois divisions et demie, rayon des fuseaux, décrivez des points *b* et *d* comme centre des arcs *p q* et *o q*; la longueur de la perpendiculaire *p q* ou *o q* aux rayons E*b* ou E*d*, qui ne diffère pas sensiblement de celle de l'arc, étant reportée en *s r*, *s r*, détermine la quantité de bois qu'il faut enlever du côté intérieur et extérieur de la tête de l'alluchon. Faisant ensuite passer un arc de cercle par les trois points *r e r*, dont le centre déterminé sera en *a*, et *r f r*, on aura la courbure du flanc de la dent dans le sens du rayon.

La courbure dans les sens de la saillie sur le plateau de la roue se trouve en décrivant du point *m* comme centre, figure 6, avec un rayon égal à la longueur *b c d*, de trois dents consécutives, les arcs de cercle *e x*, *f x*.

Les points *x x* obtenus, figure 6, étant portés sur la circonférence primitive de chaque côté du point *c*, figure 5, on fera passer des arcs de cercle concentriques à ceux *r e r* et *r f r*, pour avoir l'extrémité supérieure de chaque alluchon.

Ce système, au reste, est fort peu employé aujourd'hui, attendu que, quelque soin que l'on mette dans l'exécution, l'usure est toujours très-rapide; cette transmission de mouvement par lanternes ne vaut jamais celle par engrenages. On s'en sert cependant encore dans les constructions grossières des chantiers volants.

Enfin la figure 7 est une section d'un des bras B de la roue, fig. 1, faite suivant la ligne 3-4.

CHAPITRE II.

COURROIES, CORDES, CHAINES, POULIES ET TAMBOURS.

§ 1er. — *Courroies, cordes et chaînes.*

Courroies. — Les courroies plates sont fréquemment employées pour remplacer les engrenages dans les petites transmissions de force, surtout lorsque la distance des arbres est considérable et que dans un atelier diverses machines, disposées pour effectuer des travaux différents, doivent recevoir le mouvement d'un même moteur; sur ces arbres on place, de distance en distance, sur des poulies, à jantes légèrement convexes, les courroies qui doivent transmettre le mouvement aux machines-outils destinées au travail des métaux.

C'est le système de transmission le plus économique et le plus facile à établir; il est le plus doux et ne présente pas l'inconvénient de la casse des dents dans la communication par engrenages, car la résistance arrivant à croître, la communication s'arrête sans accident par le glissement de la courroie sur son tambour. Aussi ce nouveau système, dit *système à courroies*, a-t-il été généralement adopté en France et en partie en Angleterre.

Les courroies ne pouvant transmettre le mouvement qu'à la condition de ne pas glisser sur les poulies qu'elles enveloppent, il faut que l'arc qu'elles embrassent, leur largeur et leur tension soient proportionnés à l'effort auquel elles sont soumises, c'est-à-dire au rapport Q de la quantité d'action à la vitesse.

Appelant maintenant T l'effort nécessaire pour faire glisser la courroie sur la poulie, et t la tension à laquelle elle doit être soumise, on a approximativement $Q = T - t$.

En nommant K le rapport $\frac{T}{t}$ on trouve :

$$t = \frac{Q}{K-1}$$

Il suffit donc, pour avoir t, de connaître la valeur de K; elle varie avec le rapport de l'arc embrassé à la circonférence entière de la poulie, et le coefficient relatif à la nature des courroies que l'on emploie.

Le tableau suivant, que nous empruntons à M. *Morin*, donne la valeur de K pour les différents cas qui se présentent dans la pratique.

TABLEAU RELATIF AUX TENSIONS DES COURROIES OU CORDES SANS FIN.

RAPPORT DE L'ARC EMBRASSÉ A LA CIRCONFÉRENCE ENTIÈRE.	VALEUR DU RAPPORT $K = \frac{T}{t}$ (DE LA TENSION A LA RÉSISTANCE) POUR DES					
	COURROIES NEUVES SUR TAMBOURS EN BOIS.	COURROIES A L'ÉTAT ORDINAIRE.		COURROIES HUMIDES SUR POULIES EN FONTE.	CORDES SUR TAMBOURS OU TREUILS EN BOIS.	
		SUR TAMBOURS EN BOIS.	SUR POULIES EN FONTE.		BRUTS.	POLIS.
0.20	1.87	1.80	1.42	1.61	1.87	1.51
0.30	2.57	2.43	1.69	2.05	2.57	1.86
0.40	3.51	3.26	2.02	2.60	3.51	2.29
0.50	4.81	4.38	2.41	3.30	4.81	2.82
0.60	6.59	5.88	2.87	4.19	6.58	3.47
0.70	9.00	7.90	3.43	5.32	9.01	4.27
0.80	12.34	10.62	4.09	6.75	12.34	5.25
0.90	16.90	14.27	4.87	8.57	16.90	6.46
1.00	23.14	19.16	5.81	10.89	23.90	7.95
1.50	»	»	»	»	111.31	22.42
2.00	»	»	»	»	535.47	63.25
2.50	»	»	»	»	2575.80	178.52

Au moyen de ce tableau, on peut se rendre compte des forces considérables auxquelles on peut atteindre en augmentant l'arc embrassé; on calculera également la valeur de t, et l'on en déduira celle de $T = Q + t$; la tension naturelle de la courroie au repos sera $\frac{T + t}{2} = T'$. Ainsi donc un brin conduit dont la tension serait 60 kil. et l'arc embrassé étant de $0^m,40$ de la circonférence pour la faire glisser sur un tambour en bois, la tension du brin conducteur d'une courroie devra être égale à 195 kil., la table nous donnant pour multiplicateur $K = 3.26$; $T = 3.26 \times 70^{kil} = 195$. L'expérience indique que les courroies peuvent, sans craindre un allongement trop rapide, supporter une tension de $0^k,25$ par millimètre carré de section; ainsi $\frac{T'}{0,25}$ donnera la valeur de la section, et la largeur se trouvera facilement en se donnant l'épaisseur que l'on suppose toujours égale partout, et qui est de $0^m,004$ environ. (Voir *Cuir*, art. v, page 10.)

Nous ajoutons ci-dessous un tableau de M. *Laborde* sur la largeur à donner aux courroies.

LARGEUR DES COURROIES DE CUIR POUR TRANSMISSION DE MOUVEMENT.

On admet que l'arc embrassé de la poulie ou du tambour est la $\frac{1}{2}$ de la circonférence entière, et que l'épaisseur égale 1 centimètre. A vitesse égale, la largeur est proportionnelle au nombre de chevaux.

VITESSE EN MÈTRES PAR SECONDE.	LARGEUR EN MILLIMÈTRES POUR LES FORCES DE 1/10 A 3 CHEVAUX.						
	0.1	0.2	0.5	0.9	1	2	3
$0^m.30$	68	132	328	»	»	»	»
0 50	44	88	220	394	»	»	»
0 60	34	66	164	296	»	»	»
0 80	26	53	132	237	»	»	»
1 00	22	44	110	197	220	440	»
1 10	19	38	94	170	188	377	565
1 30	17	33	82	148	165	329	494
1 50	15	29	73	132	147	293	440
1 60	13	26	66	119	132	264	396
2 00	11	22	55	99	110	220	330
2 30	9	19	47	85	94	188	283
2 60	8	17	41	74	82	165	247
3 00	»	15	37	66	73	147	220
3 50	»	13	33	55	66	132	198
4 00	»	11	28	47	55	110	165
4 50	»	9	24	41	47	94	141
5	»	9	22	39	44	88	132
6	»	»	18	33	37	73	110
7	»	»	16	28	33	66	99
8	»	»	13	24	26	53	79
10	»	»	»	»	22	44	66
12	»	»	»	»	»	35	55
15	»	»	»	»	»	29	44
16	»	»	»	»	»	26	40
20	»	»	»	»	»	22	33
25	»	»	»	»	»	17	26
30	»	»	»	»	»	»	20

L'emploi des courroies et des poulies présente de grandes facilités pour obtenir, sur un axe donné, un mouvement circulaire à direction variable, pour transmettre le mouvement à de grandes distances et pour l'arrêter ou le reprendre à volonté.

En général, les courroies simples ou doubles sont appliquées à des transmissions de force assez faibles, et elles s'emploient principalement dans les ateliers de constructions pour conduire les tours et beaucoup d'autres outils ; mais en leur donnant de grandes vitesses (5 à 6 mètres par seconde), communiquées par des poulies d'un grand rayon et d'une largeur suffisante, on peut leur faire transmettre des forces considérables.

Une dernière application du système à courroies a été faite sur une grande échelle aux moulins de *Corbeil* (Seine-et-Oise) chez M. *Darblay*, par M. *Feray* d'Essonne, où 20 meules sont disposées pour marcher à courroies; elles sont mises en mouvement par 2 turbines de M. *Fourneyron*, dont la force moyenne est de 30 chevaux chaque, marchant à une vitesse de 34 tours par minute, dans une chute de 1^m, 50. Les poulies sont de même dimension que les meules, $1^m,30$ de diamètre, marchant avec une vitesse de 120 révolutions par minute, ayant $0^m,12$ de largeur. Elles sont enveloppées sur la moitié de leur circonférence par des courroies de $0^m,10$ de largeur.

Nous croyons devoir faire suivre ces détails de quelques données pratiques sur l'établissement des courroies.

Quelques constructeurs admettent qu'une courroie peut transmettre la force d'un cheval-vapeur de 75 kilogrammètres, lorsqu'elle a une largeur et une vitesse telles qu'elle développe dans une seconde une surface de 1,500 centimètres carrés; d'après cette donnée on détermine la largeur des courroies par la formule suivante :

$$L = \frac{1500 \times F}{V},$$

dans laquelle F exprime la force en chevaux ou la résistance de l'arbre de la poulie qu'elle commande.

V la vitesse en centimètres de la courroie par seconde.

et L sa largeur en centimètres.

Ainsi, pour le moulin désigné ci-dessus, la résistance étant d'environ quatre chevaux, et la vitesse par seconde de $8^m,50$, on aurait

$$L = \frac{1500 \times 4 \text{ chx}}{8.50} = 7 \text{ centimètres},$$

toutefois il est prudent, lorsque les courroies travaillent horizontalement c'est le cas qui se présente ici, et c'est ce qui a été fait, d'augmenter un peu la largeur trouvée.

Cette règle est à peu près d'accord avec celle-ci : « On a observé qu'une cour-
« roie de $0^m,088$ de largeur, et dont un point pris sur sa longueur parcourait « $121^m,80$ dans une minute, était capable, sur une poulie de $0^m,325$, de produire « le travail d'un cheval-vapeur. On peut donc déterminer la largeur des courroies « pour tous les efforts possibles, en connaissant la vitesse que la poulie de la « machine exige par minute ou par seconde. »

Dans la plupart des circonstances, on tend les courroies en les plaçant sur les poulies, et il suffit de les resserrer de temps à autre; mais pour éviter ce soin et maintenir leur tension malgré leur allongement, et souvent aussi pour pouvoir interrompre à volonté la transmission de mouvement d'un axe à l'autre, on emploie des rouleaux de tension ayant la forme d'une poulie et placés sur le brin moteur, qui sont destinés à établir la communication du mouvement du moteur. Cette poulie, à une seule joue, placée en bas dans les communications horizontales, est mobile sur une chaîne tournante de manière à ce qu'elle vienne appuyer sur la courroie; afin que le mouvement s'établisse à l'instant même, cette poulie, nommée *tendeur*, est sollicitée par un poids et exerce une pression latérale sur la courroie. Lorsqu'il faut arrêter, il suffit de supprimer le poids et de faire pivoter la chaîne, alors la courroie redevient molle et le mouvement cesse.

Dans de certaines transmissions entre arbres verticaux on emploie des troncs-cônes ou tambours coniques tournés en sens contraire afin de maintenir la courroie en place.

Si l'on veut obtenir entre deux arbres un mouvement de relation en sens contraire, on croise les brins de la courroie entre les deux poulies ou tambours.

Pour la conservation des courroies, il est bon de ne pas leur donner une trop grande tension et de leur faire embrasser le plus grand arc possible.

Cordes. — Les cordes sont d'un emploi beaucoup plus restreint que les courroies; on ne s'en sert généralement que pour les transmissions de force à des distances très-considérables, et au soulèvement des poids au moyen de treuils ou tambours, à cause de leur facilité à s'enrouler en spirale, ce qui admet l'emploi des grandes longueurs; elles sont encore d'un bon emploi dans les mouvements légers et rapides, et surtout quand il faut les croiser.

Dans les machines et ateliers, on n'emploie que des cordes de très-petit diamètre, le plus souvent en boyaux, et encore dans des cas tout exceptionnels.

Les cordes donnent toujours des frottements considérables; aussi est-on obligé, afin de les empêcher de s'échapper, de les faire engager pour les faire agir dans des poulies à gorge triangulaires, où elles sont pressées dans l'angle des deux côtés; il faut les tendre fortement pour les empêcher de glisser.

Le grand inconvénient que présentent les cordes est leur résistance à la flexion qui absorbe, pour être vaincue, une quantité notable de force, surtout lorsque le diamètre des cordes devient un peu fort.

Chaîne. — Les chaînes, quoique employées un peu plus souvent que les cordes dans la mécanique, ne le sont cependant que dans des cas forcés : elles remplacent les cordes ou courroies qui ne résisteraient pas aux frottements dans la communication du mouvement dans les machines, mais elles ont le grave inconvénient d'être sujettes à casser et à s'allonger.

Il existe trois espèces de chaînes en fer : 1° la chaîne plate à mailles non soudées ; 2° celle en fer rond à mailles soudées ; 3° celle à mailles soudées et étançonnées.

La plus grande partie des chaînes plates employées dans les machines sont construites sur le modèle de la chaîne dite à la *Vaucanson*.

Elles consistent dans une série de disques allongés, terminés par deux demi-cercles dont les centres sont percés de trous égaux.

Ces trous sont destinés à recevoir des goujons qui passent dans un nombre de disques plus ou moins considérables, suivant l'épaisseur et la force que l'on veut donner à la chaîne, et qui forment un des maillons de la chaîne.

Ces mêmes goujons servent aussi à la réunion des maillons dont les disques s'interposent d'un maillon à l'autre.

Ces chaînes, comme celles en fer rond, ont le grand inconvénient de s'allonger, car si les disques qui forment les maillons n'y sont pas soumis, les goujons agrandissent à la longue les trous dans lesquels ils sont logés et finissent de cette manière par augmenter la longueur de la chaîne d'une manière sensible, surtout si elle est un peu grande; de plus, elles ne peuvent être employées pour des efforts considérables, car leurs mailles n'étant pas soudées ne pourraient les supporter sans s'ouvrir.

Il y a encore la chaîne, également à mailles non soudées, dite de *galle*, employée dans les mines.

Celles à mailles soudées remplacent les cordes, câbles, dans les grues, moufles, etc. Elles sont faites d'une tringle de fer rond d'un certain diamètre et de qualité excellente.

Celles à mailles soudées et étançonnées sont faites comme les précédentes; seulement dans la marine, afin d'obtenir une plus grande résistance, comme on va pouvoir s'en rendre compte par le tableau suivant de MM. *Duhamel* et *Brunton*, on place des étais au milieu du maillon avant de le passer à la machine afin de l'ovaliser.

EFFORT DE TRACTION DES CHAINES EN FER.

DIAMÈTRE DU FER DES MAILLONS EN MILLIMÈTRES.	EFFORTS EN KILOGRAMMES.		DIAMÈTRE DU FER DES MAILLONS EN MILLIMÈTRES.	EFFORTS EN KILOGRAMMES.	
	POUR LES CHAINES A MAILLES SOUDÉES.	POUR LES CHAINES A MAILLES SOUDÉES ET ÉTANÇONNÉES.		POUR LES CHAINES A MAILLES SOUDÉES.	POUR LES CHAINES A MAILLES SOUDÉES ET ÉTANÇONNÉES.
05	588	784	26.0	15900	21200
08	1507	2010	28.5	19807	26407
10	2355	3140	31.5	24375	32501
12	2392	4523	33.0	26661	35548
14	4617	6156	34.5	28946	38595
16	6031	8042	38.0	33516	44699
18	7250	10160	41.0	39610	52814
20	9423	12564	42.2	45704	60939
22	11400	15200	47.3	53321	71095
24	13659	18092	50.4	60940	81252

§ II. — *Poulies et tambours.*

Les poulies et tambours employés dans les transmissions de mouvement dans les machines sont, en général, des cylindres en fonte ou en bois montés sur des arbres verticaux ou horizontaux auxquels ils prennent ou donnent le mouvement par le moyen de cordes, chaînes ou courroies.

Les poulies diffèrent des tambours en ce qu'elles ne peuvent recevoir qu'une seule corde ou courroie, tandis que les tambours, pouvant avoir plusieurs mètres de longueur, en portent quelquefois jusqu'à dix et douze qui transmettent le mouvement à autant de machines différentes.

Depuis quelques années, l'usage des tambours disparaît peu à peu des ateliers, parce qu'ils entraînent trop de pertes de temps; en effet, lorsqu'une machine-outil est mise en mouvement par une courroie conduite par un tambour, si la courroie vient à tomber par accident ou à être jetée bas pour arrêter l'outil, ou par quelque cause que ce soit, il faut, pour la remettre en place, arrêter le tambour, et par suite tout ce qu'il fait marcher, ce qui produit des arrêts fréquents et des pertes de temps et d'argent considérables.

Avec les poulies, au contraire, ces arrêts sont peu sensibles, parce qu'ils n'ont lieu que sur un seul outil à la fois.

Pour les poulies comme pour les engrenages, il faut leur donner le diamètre nécessaire pour obtenir les vitesses dans le rapport voulu, ainsi que les dimensions de toutes leurs parties principales pour la résistance.

Nous avons vu aux engrenages, ce qui s'applique également aux poulies, que le nombre de tours exécutés par chacune des deux roues est en raison inverse de sa longueur, donc :

En appelant R et r les rayons de la grande et de la petite poulie, N le nombre de tours décrits par la petite poulie et n celui de la grande poulie, on peut établir cette proportion inverse :

$$R : r :: N : n$$

Lorsqu'on a trois de ces quantités on peut toujours déterminer la quatrième.

Poulies. — Les poulies se divisent en :

1° Poulies plates;
2° Poulies à gorge.

Poulies plates. — Les poulies plates sont *fixes* ou *folles* sur les arbres qui les portent. Celles *fixes* ou de *renvoi* servent uniquement à transmettre le mouvement de rotation à un arbre au moyen des courroies de communication, elles se composent comme les roues d'engrenage de trois parties, d'un moyeu, d'un certain nombre de bras et d'une couronne.

Moyeu. — Les proportions du moyeu doivent être les mêmes que pour les roues d'engrenage, quand les dimensions de l'arbre sont calculées pour la mise en mouvement de la poulie seule; mais si l'arbre doit porter plusieurs poulies ou transmettre le mouvement à d'autres arbres, il est inutile de charger autant en fonte le moyeu des poulies; l'expérience indique parfaitement la réduction que l'on peut faire dans ce cas, sur leur épaisseur seulement, la longueur ou portée de calage devant rester la même afin de ne pas affaiblir l'assemblage.

La section du moyeu, ainsi que celle de la jante, doit être un peu conique pour la dépouille, pour la sortie de la pièce à la fonte.

Le clavetage se fait exactement de la même manière que pour les roues d'engrenage.

Bras. — Les bras des poulies se calculent d'après les mêmes données que les bras des roues d'engrenage, et affectent les mêmes formes. Cependant la forme de la section est très-souvent celle *elliptique*, dont le grand axe est dans le sens de l'effort qui s'exerce sur la circonférence ou du mouvement de rotation et offre dans la grande vitesse moins de résistance au déplacement de l'air. La résistance qu'ils doivent vaincre est d'autant moindre que leur nombre est plus grand, il varie de 3 à 6 et même 8 selon le rayon de la poulie. Mais comme la charge des poulies est quelquefois très-faible, ce qui permet de donner aux bras une section très-petite, il arrive infailliblement, quand on les construit de la manière ordinaire, que ces bras cassent par le retrait de la fonte après la coulée. Pour éviter cet inconvénient et pouvoir néanmoins conserver aux poulies toute leur légèreté, on donne aux bras la forme d'un arc de cercle : par ce moyen, le retrait de la fonte au refroidissement sur la longueur du bras a seulement pour conséquence de faire légèrement tourner le moyeu.

Dans quelques cas, où l'on ne veut pas avoir recours à cette courbure des bras des poulies, et lorsque les poulies sont d'un grand diamètre, on évite l'influence du retrait en coulant le moyeu en trois parties. Pour cela, on met dans le moule des plaques de tôle mince maintenues en place par les parois en sable et formant trois réservoirs distincts pour la fonte à l'endroit du moyeu. Quand on a recours à cette méthode, il est indispensable de consolider le moyeu ainsi construit : à cet effet, on remplit les vides laissés par le retrait entre les trois parties, avec des plaques de tôle mince, et on réunit le tout au moyen de *frettes* en fer posées à chaud et placées de chaque côté du moyeu.

Les poulies de petite dimension sont ordinairement pleines ; c'est un disque mince placé au milieu de la largeur de la couronne qui sert à la relier au moyeu.

Couronne. — La couronne ou jante des poulies, servant à porter la courroie qui embrasse la poulie, se fait très-mince. Sa largeur est généralement celle de la courroie qu'elle doit recevoir; cependant on ajoute un peu à cette largeur, afin de s'assurer que la courroie porte toujours sur la jante. Il faut seulement, dans la construction de cette partie, avoir la précaution de la bomber légèrement en allant des circonférences des bords à celle du milieu, à peu près de $0^{m},10$ de leur largeur, afin de maintenir la courroie dans sa position normale ; cette légère courbure a pour effet de produire un certain allongement du cuir, ce qui donne plus d'adhérence à la courroie et pour la résistance plus d'épaisseur au milieu de la jante. Si la surface extérieure de la poulie était plate, la moindre inégalité soit dans la traction, soit dans le corps de la courroie, aurait pour effet de la faire vaciller et même de la jeter à bas. Dans les moulins l'on rencontre fréquemment des poulies à jante plate munie de deux joues, d'une épaisseur égale à celle de la couronne, empêchant complétement la chute de la courroie qui se trouve retenue par les rebords. Ces poulies, placées sur les arbres verticaux sont calées par une vis de pression, passant dans le moyeu et permettant d'en varier la position.

Les poulies *folles* sont celles qui n'ont pas de clavettes de serrage et qui sont ajustées libres sur l'arbre et peuvent tourner sans l'entraîner : elles ont pour but de suspendre à volonté le mouvement de la machine en recevant sur elles la courroie placée sur la poulie fixe. Ce passage de la courroie de la poulie de renvoi sur la poulie folle et réciproquement, lorsqu'on veut embrayer ou désembrayer, s'effectue au moyen d'un levier à fourchette mû à la main. Ces sortes de poulies reçoivent assez souvent une joue pour éviter, dans le mouvement de translation de la courroie, qu'elle ne tombe hors des poulies.

L'extrémité de l'arbre qui reçoit la poulie folle est un peu plus petite de diamètre que la partie recevant la poulie fixe; une fausse embase avec vis de pression sert à retenir la poulie afin qu'elle ne sorte pas.

Poulies à gorge. — Les poulies à gorge sont généralement construites plus lourdement que les poulies plates et en diffèrent par leur travail, elles servent la plupart du temps, comme poulie de renvoi, à soulever des poids énormes et à transmettre le mouvement au moyen de cordes, de câbles ou de chaînes. Quand les cordes sont d'un fort diamètre on fait la gorge des poulies ronde, on la fait triangulaire lorsque les cordes sont d'un petit diamètre, afin d'en augmenter l'adhérence.

Pour les chaînes, on donne quelquefois aux gorges la forme rectangulaire et au fond les empreintes des maillons dont elles se composent et qui se présentent de champ; mais, lorsque les chaînes ont de grands efforts à supporter, les maillons s'allongent et au bout de quelque temps ne s'adaptent plus aux matrices de la poulie.

Les tambours des grues ou treuils sur lesquels doivent s'enrouler ces chaînes possèdent des empreintes exactement semblables à celles de la poulie; seulement, elles sont disposées en hélice pour éviter l'emmêlage de la chaîne.

SECTION II

DESCRIPTION DE DIVERS MODÈLES DE POULIES, CONES-POULIES, TAMBOURS, ETC.

PLANCHE XXXVII.

Poulie plate en fonte à six bras droits. — La figure 1 représente en vue de face une poulie de petite dimension à six bras droits B, toute en fonte, et construite par M. *Maudslay*.

La figure 2 est une coupe horizontale de cette poulie, passant par la ligne 1-2 de la vue de face, montrant la coupe de la jante C et du moyeu M disposé pour son calage sur un arbre de forme hexagonale.

Poulie plate en fonte de grande dimension. — La figure 3 représente une poulie en fonte de grande dimension, à six bras droits; elle diffère de la précédente en ce que sa couronne C est garnie d'une feuille de tôle *a* fixée par des vis; elle fait partie du moulin de Saint-Quentin, construit par M. *Maudslay*, et se trouve calée sur l'arbre moteur horizontal. Nous avons donné le manchon fixe ainsi que celui de débrayage, l'arbre vertical principal et sa crapaudine de ce même moulin dans les planches X, XII, XIII et XXIII.

La disposition de cette poulie n'est pas à imiter et ne peut, à notre avis, avoir que des inconvénients, à moins d'un cas tout spécial.

La figure 4 en est une coupe horizontale suivant la ligne 3-4.

La figure 5 donne sur une plus grande échelle la coupe de la jante C recouverte par une feuille de tôle *a*, et son assemblage à vis.

La figure 6 donne la coupe d'un des bras B, à la même échelle que la figure précédente; elle montre sa forme en T.

La figure 7 est une section transversale de la jante d'une grande poulie en fonte à six bras droits. Cette jante, bombée extérieurement pour la stabilité de la courroie et conique à l'intérieur pour la dépouille, possède une nervure qui se raccorde avec le bras. Le diamètre de cette poulie est de $1^{m},60$, la jante a $0^{m},265^{mill}$.

La figure 8 est une coupe du bras en forme de croix. On construit aussi des poulies de grandes dimensions dont la jante est indépendante de son croisillon, c'est-à-dire de plusieurs morceaux, comme nous l'avons vu aux roues d'engrenage.

Poulie en fonte à six bras courbes. — La figure 9 donne encore une poulie à six bras, toute en fonte, mais avec cette disposition courbe des bras B que nous avons recommandée pour la facilité de la coulée.

La figure 10 représente une coupe verticale par la ligne 5-6 de la figure précédente.

La figure 11 donne une coupe en 7-8 de la figure 9 d'un des bras en forme de croix.

Poulie à gorge ronde en fonte. — La figure 12 représente une petite poulie à gorge ronde sans bras, c'est un disque D évidé qui réunit la couronne C au moyeu M.

Ce genre de poulie reçoit également des bras droits ou courbes comme les poulies plates.

La figure 13 en est une coupe verticale suivant la ligne 9-10 de la figure précedente.

Poulie à gorge triangulaire en fonte. — La figure 14 donne en élévation de face une poulie très-légère en fonte, à gorge triangulaire, avec les bras B ovales et courbés pour éviter la rupture à la fonte.

La figure 15 est une coupe horizontale par la ligne 11-12 de l'élévation.

La figure 16 est la coupe d'un bras courbe en 13-14.

Poulie en fonte à couronne plate en bois. — La figure 17 représente une poulie à moyeu M et à bras B en fonte, à couronne plate en bois tourné, bombée extérieurement pour maintenir la courroie.

Cette disposition a quelquefois un but économique, mais le plus souvent celui de pouvoir faire varier le diamètre de la poulie quand on n'est pas sûr de ce qu'il doit être pour le bon fonctionnement de la machine que cette poulie met en mouvement. C'est principalement dans les usines qui travaillent le bois que l'on rencontre ces sortes de poulies. On adopte pour leur construction une disposition de bois qui est bien préférable à celle que nous reproduisons, en ce qu'elle est à l'abri des influences atmosphériques; elle consiste à composer la jante d'un certain nombre de planches juxtaposées perpendiculairement à l'axe, de manière à ce que les fibres du bois se trouvent dans toutes les directions. Ces anneaux sont réunis par des clous ou des boulons et soudés par de la colle forte.

Cônes ou poulies à plusieurs diamètres. — On emploie pour une foule d'usages, et notamment pour les tours qui doivent marcher à différentes vitesses, des couples de poulies à plusieurs diamètres décroissants, fondus de la même pièce et placés symétriquement, c'est-à-dire de manière que le plus grand diamètre de l'une corresponde au plus petit de l'autre. Ils peuvent également ne commander qu'une seule poulie.

Ces poulies sont dites à *diamètre variable*, contrairement à celles à *diamètre constant*, que nous venons d'examiner, parce que la courroie ou la corde qui les commande peut passer sur une série de couronnes de diamètres différents sans quitter la poulie, et produire des vitesses variables en raison inverse du diamètre de la couronne sur laquelle se trouve la courroie.

On obtient cette variation de diamètre de diverses manières : soit par une suite de jantes accolées les unes aux autres, comme on l'a vu ci-dessus ; soit par des troncs de cônes ou tambours coniques, communiquant, pendant le mouvement même, des vitesses variables et progressives ; soit encore par des poulies qui permettent de varier leur propre diamètre à volonté, dans le cas où la vitesse a besoin d'être déterminée rigoureusement, en composant la jante de segments de cercles qui peuvent être éloignés ou rapprochés du moyeu par des vis, roues d'engrenage, etc. Telles sont les *poulies extensibles* dont nous présenterons des exemples plus loin.

Les cônes-poulies ayant ordinairement de faibles dimensions et les diamètres croissant depuis celui du moyeu jusqu'au plus grand, appuyés les uns contre les autres, il est inutile de les munir de bras ; ils sont formés du côté du plus petit diamètre par un disque plein venu de fonte avec les jantes, et du côté du plus grand par un plateau venu de fonte avec le moyeu et que l'on fixe sur des oreilles ménagées de fonte après la couronne de la grande poulie.

Cône-poulie en fonte à deux diamètres. — La figure 20 de cette planche représente un cas particulier de ce genre de poulies, puisqu'elle porte 4 bras droits, et comme la force se trouve sur la plus grande, on les a mis entièrement sous la couronne contre le cercle extrême de la petite.

La figure 21 est une coupe horizontale de la figure précédente passant par la ligne 19-20 montrant la place occupée par les bras.

La figure 22 est une section transversale d'un bras B suivant la ligne 21-22.

PLANCHE XXXVIII.

Cône-poulie à trois gorges triangulaires. — Les figures 1 à 4 représentent une poulie à trois gorges triangulaires pour les transmissions par cordes à section circulaire.

Cette poulie est très légère et d'un bon modèle; le bras ovale B se courbe pour soutenir les trois gorges, pour éviter les nervures et ne pas faire un emploi inutile de la fonte.

La figure 1 est une élévation par derrière du côté des bras B.

La figure 2, une vue en plan et extérieurement des gorges.

La figure 3, une coupe horizontale de la figure 1 passant par la ligne 1-2, laissant apercevoir la forme courbe des bras.

La figure 4, une coupe transversale et moyenne d'un bras suivant la ligne 3-4.

Cône-poulie en fonte à cinq gorges angulaires. — La figure 5 représente une vue du côté de l'intérieur d'une poulie en fonte à cinq gorges angulaires et concentriques, posées sur une surface conique, soutenue par six nervures intérieures *a*. Cette disposition de la fonte est aussi fort bien conçue et d'un bon modèle.

La figure 6 donne une coupe verticale suivant la ligne 1-2 de la figure précédente.

La figure 7 est une coupe par une des nervures en 3-4.

Poulie en fonte de fer à plusieurs gorges triangulaires. — La figure 8 nous montre, moitié extérieurement, moitié en coupe, un genre de poulie fort employé dans les machines à vapeur dans l'appareil de transmission au régulateur; elles sont aussi beaucoup employées dans les tours à pédale.

Cette poulie de dimension moyenne est d'un modèle simple et courant.

Poulie en bois à plusieurs gorges angulaires. — La figure 9 nous représente en section verticale une petite poulie en bois à deux gorges, montée avec des vis sur un disque en fonte venu au moyeu. Cette poulie à gorges est celle placée sur l'arbre vertical du régulateur d'une machine à vapeur à cylindre horizontal de *Taylor*.

La figure 10 est un demi-plan de cette poulie et de son assemblage à vis.

PLANCHE XXXIX.

Tambours en bois. — Les figures 1 et 2 de cette planche représentent un tambour en bois en élévation debout et en coupe longitudinale suivant la ligne 1-2.

Les tambours sont un cas particulier des poulies à grand diamètre ; ils se composent dans leur longueur de plusieurs couronnes en fonte C, reliées par des bras méplats B au moyeu M, et calées sur l'arbre commun ; elles sont garnies, à leur circonférence de douves en bois D, fixées avec des vis *a*, qui relient tous les croisillons entre eux pour ne former qu'un seul et même cylindre que l'on termine sur le tour et dont la longueur est très-variable.

Il y a également des tambours construits complétement en bois dont l'arbre carré se trouve embrassé par deux traverses en bois et formant bras, le tout relié par 4 boulons ; sur ces mêmes traverses viennent s'assembler perpendiculairement à mortaise deux autres bras, placés sur le prolongement l'un de l'autre et se terminant à la circonférence d'une couronne en bois recevant les douves qui forment le tambour.

Cône-poulie en fonte à six vitesses. — La figure 3 représente en coupe verticale par la ligne 1-2, fig. 4, une poulie à six diamètres variables dont les bras B et le moyeu M se trouvent reportés au milieu de la longueur du cône.

Le calage sur l'arbre A se fait par une bague en fer D formant coin. La forme intérieure des jantes C, qui sont très-minces, est légèrement conique pour la dépouille. Les nervures des bras B viennent se raccorder avec les deux poulies extrêmes.

La figure 4 est une vue par moitié des deux bouts du cône.

Dans les cônes appliqués à un tour on place un engrenage fondu avec la poulie soit du côté du petit ou du grand diamètre, parfois même des deux côtés, seulement la dernière poulie possède une joue.

D'après cette figure 3, il est facile de concevoir que si l'on place un second cône semblable et opposé au premier, la longueur de la courroie restera toujours la même, quand même les deux poulies seraient embrassées ; l'on aura donc, en désignant les six diamètres par C' à C^6, $C^1 C^6 = C^2 + C^5 = C^3 + C^4$.

Poulies à chape à direction de plans variables. — Les figures 5 à 8 représentent en détail une chape de poulie de renvoi, dont la direction des plans est variable, employée dans la filature d'Ourscamp (Oise).

Comme il est important que les poulies, tant de renvoi que principales, se trouvent placées dans le même plan, afin d'éviter la chute de la courroie, on a imaginé de rendre les deux poulies indépendantes l'une de l'autre, afin de pouvoir leur faire prendre isolément telle position qui pourrait être exigée par la direction de la courroie.

La figure 5 nous montre la chape avec ses deux poulies dont une a été coupée par un des bras ainsi que les supports.

La figure 6 en est la coupe verticale, passant par l'axe suivant la ligne 1-2, figure 5.

Cette chape se compose de deux parties, l'une fixe A ayant une grande ouverture circulaire autour de laquelle on a ménagé une languette *a*, sur laquelle l'autre partie mobile B vient s'appliquer par ses bords.

Les vis *b*, *b*, passant dans des petites pièces *c* formant écrou et s'appuyant sur le revers de la languette *a* de la pièce fixe, servent à retenir ce plateau et lui permettent de tourner et de prendre toutes les positions voulues et de s'y fixer, l'ajustement étant fait libre.

Les axes des poulies C et D passent par les supports *d* (fig. 6), ces supports possèdent des tiges taraudées qui passent dans la pièce mobile, vers son milieu et sur les bords, dans des ouvertures allongées, où ils sont fixés par des écrous et contre-écrous qui permettent de les faire avancer plus ou moins hors du plan de la pièce mobile.

Il est à remarquer que les supports, placés près du centre, ne présentent que cette particularité, tandis que ceux placés près des bords peuvent prendre des positions obliques dans les ouvertures allongées.

La tête de ces supports reçoit des coussinets en cuivre à rotule permettant de se prêter à toutes les directions qu'on veut faire prendre aux axes des poulies.

On voit que toutes ces dispositions réunies permettent donc de faire prendre aux poulies les diverses positions qui leur conviennent ensemble ou séparément.

Il existe une partie en *e* destinée à être fixée par des boulons aux solives d'un plancher.

La figure 7 est le détail d'un coussinet à rotule placé dans les supports mobiles.

La figure 8 donne le détail de la pièce *c* servant d'écrou ou vis du plateau mobile.

Moufles. — Les moufles sont des poulies à gorge ronde, assemblées dans une même chape sur des axes séparés ou sur le même axe, servant à élever ou à descendre des fardeaux d'un poids considérable; en réunissant dans chaque moufle un assez grand nombre de poulies, ce qui multiplie la force, on peut alors faire équilibre à une résistance aussi grande qu'on voudra.

Cône de friction à débrayage. — Les figures 9 à 12 représentent en détail un cône de friction à trois vitesses de M. *Décoster*, appliqué à ses machines-outils, permettant d'arrêter et de remettre en marche avec facilité.

Ce cône tourne fou sur l'arbre horizontal A, qui porte un manchon conique B, formant coin, relié à l'arbre A par une clef de calage, et qui, par l'action du petit volant D, peut se mouvoir longitudinalement sur l'arbre.

Lorsque l'on veut embrayer on tourne le volant D, dont le moyeu forme écrou sur une partie taraudée A' de l'arbre.

Ce volant plein porte fixé sur son moyeu à l'aide de quatre vis un collier en fer E qui relie le manchon conique E au volant de telle sorte qu'en le tournant on entraîne le manchon jusqu'à ce qu'il pénètre assez avant dans le moyeu conique du cône à trois vitesses C, afin que par l'adhérence de ces deux parties le manchon conique se trouve entraîné dans le mouvement circulaire du cône C.

Ce manchon étant calé sur l'arbre A l'entraîne et communique le mouvement à la machine; l'effet contraire a lieu lorsqu'on desserre le volant, afin d'éloigner le coin du cône de vitesse et d'arrêter ainsi la marche de la machine.

A la plus grande poulie il existe des oreilles et l'emplacement d'une rondelle servant à fixer un excentrique pour un mouvement transversal de l'outil, que le ponctué du dessin indique suffisamment.

Embrayage à cône de friction. — Les figures 6 à 9 de la pl. XIV, à laquelle nous renvoyons, représentent un manchon d'embrayage à cône de friction.

Ce système, appliqué dans beaucoup de machines, présente cet avantage, qu'il ne produit pas de chocs. Lorsqu'on engage le manchon, l'adhérence est telle, qu'elle est capable de résister à une force considérable d'autant plus grande que le manchon est plus pressé contre la roue. Un levier d'embrayage, dont la bague enveloppe le manchon, engage ou dégage en tournant dans un sens ou dans l'autre, et par suite arrête ou communique le mouvement à l'arbre.

Rouleaux ou cônes de friction. — On emploie depuis un certain temps un système de cylindres ou de cônes exactement disposés et agissant comme des roues engrenant par l'adhérence seule du métal : ils ont l'avantage de céder en glissant et d'éviter les ruptures et les chocs quand on passe d'un mouvement lent à un mouvement par trop vif.

On évite le frottement de glissement que peut entraîner celui de deux pièces de métal qui se polissent mutuellement, en garnissant de cuir l'une des deux pièces.

Ce système ne peut servir qu'à transmettre des efforts minimes entre des axes très-rapprochés ; les poulies et courroies sont bien préférables dans tous les autres cas.

Nous aurons occasion de revenir sur les cônes de friction employés dans les régulateurs de machines à vapeur.

Poulies extensibles.— En traitant des cônes-poulies à diamètres variables, nous avons parlé des *poulies extensibles* comme pouvant varier leur diamètre à volonté, dans de certaines limites, pendant le mouvement même ; la couronne étant composée de segments de cercles qui peuvent être éloignés ou rapprochés du moyeu par une disposition toute particulière dans leur construction.

Les poulies de ce système s'emploient dans le cas d'efforts peu considérables, et le plus généralement pour faire varier la vitesse de rotation donnée par un arbre sans arrêter le mouvement de cet arbre, et lorsque l'on veut déterminer la vitesse d'une manière rigoureuse, comme dans les machines à fabriquer le papier, soit pour les cylindres ou bien les dévidoirs à extension servant à enrouler la feuille sortant de la machine sans lui faire éprouver un étirage qui la ferait rompre.

Il est évident que la rotation de l'axe de ces poulies varie en raison inverse du rayon de la couronne.

Ces poulies sont munies d'un rouleau de pression ou *tendeur* à contre-poids suffisant très-bien pour éviter le glissement par le frottement qu'il produit.

PLANCHE XL.

Poulie extensible en fonte à gorge ronde. — La figure 1 représente une poulie extensible en fonte à gorge ronde à six segments.

La figure 2 en est une coupe suivant la ligne 1-2 de la fig. 1.

La figure 3 est un détail de la portion de bras coulée avec le segment vue de face et de profil en coupe.

La figure 4 donne une élévation et un plan du boulon servant à l'assemblage des deux portions de bras.

La couronne C ou gorge se compose donc de six segments maintenus chacun en place par deux portions B et B', dont l'une B' est coulée avec le moyeu M, et l'autre B avec le segment. Ces portions de bras s'assemblent au moyen de boulons *a*, fig. 4, dont le corps plat glisse dans une rainure R pratiquée au milieu des bras B et B' du croisillon.

Le changement de diamètre de la gorge se fait à la main et successivement pour chaque segment; c'est une opération assez longue et qui ne permet l'emploi de ce genre de poulie que dans le cas où l'on n'a pas à changer souvent de diamètre.

Poulie plate extensible en fonte. — La figure 5 est une vue de face d'une poulie plate extensible en fonte à huit segments.

Dans une moitié de cette vue, les petites bielles ont été enlevées afin de laisser voir les bras placés derrière.

La figure 6 en représente le profil en coupe verticale suivant la ligne 3-4, donnant en ponctués la position la plus basse des segments de la couronne, c'est-à-dire lorsqu'ils ne forment plus qu'un cercle.

La figure 7 représente en élévation et en plan le collier à oreilles recevant l'extrémité inférieure des petites bielles.

La figure 8 est le détail de l'écrou à poignées, vissé sur l'arbre et recevant le collier tournant *fou* sur lui.

La figure 9 donne la vue de face et de profil d'une des petites bielles s'assemblant d'un bout à l'oreille ménagée à chaque segment de la jante, et de l'autre à une oreille du collier.

La figure 10 est un plan par-dessous et une élévation d'un des huit segments composant la couronne de la poulie, laissant apercevoir l'œil et l'oreille qui s'y trouvent ménagés.

Cette poulie diffère essentiellement de la précédente, en ce que les segments sont tous mus en même temps et avec la plus grande facilité. En effet, chacun d'eux se termine par un œil O, qui passe par une tige B faisant bras d'une roue I; en dessous des segments C il existe des oreilles H, s'assemblant à charnière avec de petites bielles D. Les bielles ont leur autre extrémité prise aussi à charnière avec des oreilles adaptées à un collier E, tournant *fou*, sur un écrou à poignée F se vissant sur l'arbre A, qui est taraudé, et servant à rapprocher ou à éloigner le collier E du moyeu M de la roue. Quand le collier avance, le diamètre de la couronne C augmente, et réciproquement, quand il recule, le diamètre diminue.

Un second écrou G à poignées, indépendant et se vissant aussi sur l'arbre, sert à maintenir le premier et à empêcher que la pression de la courroie sur les segments ne le fasse reculer mal à propos.

PLANCHE XLI.

Poulie plate extensible en fonte. — Les figures 1 à 7 de cette planche représentent en coupe, élévation et dans ses détails, une poulie plate extensible fort ingénieuse, et permettant, comme la précédente, de faire varier facilement et à volonté le diamètre de la poulie sans arrêter la machine dont elle fait partie.

Cette poulie, de M. *Chapelle*, ingénieur mécanicien, qui a acquis une si grande réputation dans la construction des machines à fabriquer le papier continu, se compose de six segments égaux et séparés, portés chacun à l'extrémité d'une tige en fer A en partie taraudée et fixée par une goupille ; chacune de ces tiges, ayant le taraudage alternativement opposé, passe dans le moyeu taraudé et formant écrou d'un petit pignon conique B, placé et maintenu entre deux des trois oreilles S venues à la fonte sur le disque D. Ces pignons engrènent ensemble, et, suivant qu'ils tournent dans un sens ou dans l'autre, font monter ou descendre les tiges qui traversent leurs moyeux, et par suite augmentent ou diminuent le diamètre de la poulie, en éloignant ou rapprochant les segments C du centre. Ce mouvement s'opère en agissant avec une clef sur l'écrou E, taillé à six pans faisant corps avec le moyeu de la roue d'angle B, et, le faisant tourner dans le sens indiqué par la flèche X, en augmente le diamètre ; car toutes les roues engrènant ensemble, les segments auxquels elles appartiennent, par l'intermédiaire des tiges taraudées en sens opposé, suivront la marche du premier. L'effet contraire aura lieu si l'on fait tourner l'écrou E' suivant le sens indiqué par la flèche X'.

Le disque en fonte D qui porte tout le système, dont le bord de la face intérieure est parfaitement dressé, et qui est fondu avec le moyeu M, est prolongé suffisamment pour empêcher les segments de tourner avec les moyeux des pignons et les forcer, en glissant par les points *a*, *a* sur la partie dressée du plateau, à rester toujours dans le plan du même cercle.

La figure 1 est une vue de face de la poulie du côté des pignons.

La figure 2 est une coupe verticale suivant la ligne 1-2.

La figure 3 représente une section, suivant la ligne 3-4, du disque débarrassé des pignons et des segments.

La figure 4 est une vue d'un segment armé de sa tige taraudée et des points *a a* en saillie par lesquels il glisse sur la partie dressée du plateau D.

La figure 5 en est une vue en dessous du côté de la tige.

La tige A, sur laquelle on fait agir l'écrou E pour donner le mouvement, reçoit deux goupilles limitant les courses extrêmes.

La figure 6 donne la vue latérale d'un des pignons-écrous.

La figure 7, la coupe passant par le moyeu-écrou.

Les arbres de ces poulies, dans la machine à papier de M. *Chapelle*, sont soutenus par des supports très-légers et très-élégants, à peu près semblables à celui représenté pl. XXI, fig. 5 à 9, et les courroies reçoivent des rouleaux de tension sollicités par un poids permettant d'interrompre à volonté la transmission, comme nous l'avons dit en traitant des *courroies*.

Dévidoir à extension. — La figure 8 représente un autre système d'extension, par engrenages cylindriques, appliqué à un dévidoir d'une machine à papier construite par M. *A. Kœchlin*, et pouvant s'appliquer également aux poulies ; il se compose d'une couronne en fonte A, reliée au moyeu par six bras plats B, recevant des goujons sur lesquels glissent dans des coulisses six portions de bras à équerres B', sur lesquels sont fixés par des vis les liteaux en bois D du dévidoir recevant le papier à la fin de l'opération.

La figure 9 est une vue de profil en coupe verticale de ce même dévidoir.

FIN DE LA DEUXIÈME PARTIE.

LE MÉCANICIEN CONSTRUCTEUR.

TROISIÈME PARTIE.

CHAPITRE Ier.

VOLANTS, RÉGULATEURS, EXCENTRIQUES.

Article Ier. — Volants.

Les volants sont des masses inertes d'un grand poids, de fonte ou de fer, de formes annulaires et d'un diamètre limité, situées à une grande distance de l'arbre de la manivelle, sur lequel elles sont montées, par l'intermédiaire des bras et du moyeu, qui servent à régulariser le mouvement de rotation de la manivelle. Ils empêchent par l'uniformité, non pas rigoureuse, mais périodique, qu'ils procurent, que les irrégularités qui arrivent dans le travail de la puissance et des résistances ne déterminent un trop grand accroissement ou un trop grand ralentissement de la vitesse.

Le volant devient ainsi *réservoir* de force, pour le surplus d'énergie de la puissance; il mène par instant la machine, et fait lui-même l'office de moteur dans de certaines positions que l'on appelle les *points-morts*, où la bielle se trouvant sur le prolongement de la manivelle n'agit plus pour le faire tourner ; mais en vertu de sa vitesse acquise et de sa force d'inertie, le volant, dans son mouvement de rotation continue, entraîne la manivelle, la bielle, le balancier, et leur fait dépasser cette position, et par suite le piston qu'il oblige à s'élever ou à s'abaïsser, soit qu'il se trouve au haut ou au bas de sa course. C'est précisément vers ces *points-morts* que le volant perd insensiblement de sa vitesse pour en regagner dans les autres points, accumuler la force en excès pendant une portion et la restituer en temps utile, c'est-à-dire au moment où le travail de la résistance l'emporterait sur la puissance, afin de conserver au mouvement une régularité à peu près constante.

Comme c'est sur l'arbre du volant que toutes les résistances à vaincre se rassemblent, c'est toujours sur lui que se prend la force au moyen de poulies et courroies ou de roues d'engrenage destinées à porter la force au point où elle doit produire tout son effet utile.

Les dimensions d'un volant dépendent du travail auquel on veut l'appliquer. S'il s'agit de machines de très-grande puissance ou de fortes résistances, comme les laminoirs, il devra avoir un très-grand diamètre et par conséquent une grande masse se mouvant avec une extrême vitesse. Dans le cas contraire, on le réduira de beaucoup.

On augmente généralement la puissance régulatrice d'un volant en lui donnant de plus grandes dimensions, mais en ne faisant pas entrer plus de matière dans sa composition, ce qui a pour résultat de ne pas autant charger l'arbre qui le reçoit.

M. *Morin*, dans le troisième volume de sa *Mécanique*, nous indique que le diamètre des volants suit ordinairement la proportion suivante :

Dans les machines à basse pression à balancier, le diamètre moyen est égal à 3,00 ou 3,5 la longueur de la course du piston, ou 6 et 7 fois le rayon de la manivelle. Le volant étant placé sur l'arbre de la manivelle.

Dans les machines à deux cylindres, à détente, condensation et balancier, le diamètre moyen est égal à 3,5 ou 4 fois la course du piston, ou 7 et 8 fois le rayon de la manivelle.

. Dans les machines à un seul cylindre à haute pression avec ou sans détente sans balancier, le diamètre moyen est égal à 4 ou 4,5 fois la course du piston; dimension limitée afin de ne pas donner à la circonférence de la couronne une trop grande vitesse.

La vitesse à la circonférence d'un volant d'une machine à basse pression étant de 6 à 7 mètres par seconde, il est facile de déterminer son diamètre, connaissant toutefois le nombre de tours de l'arbre du volant.

Nous empruntons au carnet de l'ingénieur les formules suivantes de Watt. (Voir le *Traité de mécanique* du général *Morin*, t. III.)

« La puissance régulatrice d'un volant est proportionnelle à son poids et au carré de sa vitesse; on a d'après Watt,

L'équation $PV^2 = k + \frac{32\,N}{m\,V^2}$, d'où on tire

Le poids du volant, $P = k + \frac{32\,N}{m\,V^2}$,

La vitesse du volant, $V = \sqrt{k + \frac{32\,N}{m\,P}}$.

Dans lesquelles on désigne par :

P le poids de la jante du volant en kilogrammes;
V la vitesse à la circonférence moyenne;
N la force de la machine en chevaux-vapeur;
m le nombre de tours de l'arbre du volant par seconde;
k un nombre variant avec le degré de régularité à obtenir. »

Pour les machines qui n'exigent pas une grande régularité, on fait ce nombre de 20 à 25; pour les machines d'usines plus importantes, de 35 à 60.

On sait que, pour déterminer la vitesse à la circonférence d'un volant, il suffit de connaître celle au centre et de multiplier la circonférence par le nombre de tours de l'axe par minute, ce qui donne l'espace parcouru dans le même temps, divisant par 60, l'on obtient la vitesse à la circonférence du volant par seconde.

Un volant par sa construction et ses formes doit présenter le moins possible de résistance à l'air, afin d'éviter une consommation inutile de force; sa jante doit se composer d'une matière très-dense, afin de réduire son volume le plus possible.

Dans un grand nombre de machines fixes, le volant est remplacé par une grande roue montée sur l'arbre moteur de la manivelle.

Dans les machines locomotives, malgré l'absence apparente du volant, il n'en existe pas moins dans les roues motrices, dans la masse mise en mouvement et dans la disposition des manivelles, placées à angle droit, qui servent à faire dépasser les *points-morts*.

Les volants sont de plusieurs sortes; ils se composent, comme les engrenages et les poulies, d'une couronne, des bras du croisillon et d'un plateau formant moyeu.

On distingue les volants fondus d'un seul morceau;

Les volants fondus de plusieurs morceaux réunis;

Les volants à jante fondue séparément du croisillon et en plusieurs morceaux assemblés;

Les volants à jante indépendante en plusieurs morceaux et à bras rapportés.

Il y a encore des volants de plusieurs morceaux dont les bras sont fondus avec le segment de couronne correspondant et le moyeu séparé.

Les volants en fonte d'un seul morceau ne s'appliquent guère qu'aux machines ne dépassant pas 12 chevaux. Au-dessus de cette force, on emploie ceux fondus de deux pièces avec le moyeu, qui ont le double avantage de coûter fort peu d'assemblage et de se transporter facilement.

Pour des forces excessives, comme les volants qui ont des diamètres très-grands (de 5 à 8 mètres), on emploie ceux dont la jante est indépendante et fondue de plusieurs morceaux, à bras rapportés, le plateau ou moyeu coulé seul.

La force centrifuge pouvant prendre une intensité dangereuse, l'assemblage de ces diverses parties doit être très-soigné et de la plus grande solidité, afin que la jante ne puisse s'échapper des bras ni du plateau.

La couronne des volants, généralement en fonte, doit avoir sa surface très-unie, éviter les saillies qui font résistance à l'air; sa largeur dans le sens de l'axe de la rotation varie de la 1/2 au 1/3 de l'épaisseur dans le sens du rayon. Il suffit de multiplier le produit de ces deux dimensions donnant la section de la jante par la circonférence moyenne du volant pour en avoir le volume, et ce volume étant multiplié par le poids spécifique de la fonte, $7^k.2$ par décimètre cube, on a le poids total de la jante, qui est celui du volant; car on ne tient pas ordinairement compte de celui des bras et du moyeu.

Les bras doivent également avoir leur surface unie et ont parfois la forme elliptique, qui est la meilleure. Le grand axe placé dans le sens de la rotation, afin d'opposer le moins de résistance à l'air en le coupant. Plus la vitesse à la couronne d'un volant est grande, plus son poids est petit. On ne peut sans danger dépasser en vitesse 15 à 20 mètres par seconde.

Le moyeu, dont le diamètre du trou est égal à celui du tourillon de l'arbre sur lequel le volant est calé, varie selon que l'arbre est en fonte ou en fer.

DESCRIPTION DE PLUSIEURS MODÈLES DE VOLANTS ET DE DIVERS ASSEMBLAGES DE BRAS ET DE JANTES.

PLANCHE XLII.

Volant en fonte d'un seul morceau. — La figure 1 de cette planche représente un volant en fonte, fondu d'une seule pièce. Ce volant est celui d'une machine à vapeur à basse pression et à double effet, de la force de 4 chevaux, construite par *Maudslay*, dont le diamètre de $2^m.50$ est 10 fois le rayon de la manivelle, ou 5 fois la course du piston à vapeur.

La figure 2 est un profil en coupe passant par la jante C et le moyeu M, suivant la ligne 1-2.

Cette coupe nous montre le calage à 3 clavettes placées en face de trois rayons B qui relient la couronne C au moyeu M.

La coupe de la jante nous montre que sa largeur, dans le sens de l'axe de rotation, est les 3/4 de l'épaisseur, prise dans le sens du rayon.

La figure 3 est une section horizontale suivant la ligne *x-x*, donnant la forme d'un des bras B ou rayons.

Volant en fonte à couronne fondue de plusieurs pièces et bras coulés à part. — Les figures 4 à 11 représentent dans tous ses détails un volant à 5 bras rapportés. Quoique d'un petit diamètre, et appliqué à une machine à basse pression de la force de 4 chevaux construite par MM. *Pill* et *Wilhaim*, il est d'une construction analogue à celle des volants de grande dimension, c'est-à-dire que chaque bras est fondu séparément et fixé au plateau central formant moyeu. Les portions de jante sont elles-mêmes attachées à ces bras par des boulons. (Voir le détail, figure 6 et 7.)

La figure 4 en est une vue de face indiquant parfaitement l'attache d'un bras B aux portions de jante C C.

La figure 5 est une vue de profil en coupe suivant la ligne 3-4, montrant l'assemblage des bras au moyeu M par des boulons.

La figure 6 est un détail d'un bout de jante, le bras B enlevé. On l'a rappelé en ponctués pour montrer son assemblage.

La figure 7 une vue par le bout de la jante montrant l'assemblage à mi-joint.

La figure 8 une coupe dans le corps de la jante ayant à peu près le 1/3 de son épaisseur, sens du rayon.

La figure 9 est une coupe d'un bras suivant la ligne 5-6, figure 4, montrant la nervure ménagée à la fonte du côté externe du volant.

Lorsque le diamètre d'un volant ne nécessite pas sa décomposition en plusieurs morceaux, il faut autant que possible l'exécuter d'un seul, comme le précédent. Les soins que nécessite ce système dans les assemblages, afin d'éviter les accidents, le rendent très-coûteux, surtout si le volant doit être employé auprès de l'endroit où il a été exécuté.

Les figures 10 et 11 représentent les boulons d'assemblage des bras au moyeu et à la jante.

Volant en fonte de plusieurs morceaux, les bras fondus avec le segment correspondant et le moyeu séparé. — La figure 12 représente un segment complet de couronne C et le bras B, fondu avec lui, d'un volant en fonte de petite dimension. L'assemblage des bras au centre se fait avec des boulons comme dans le volant précédent.

La figure 13 donne la coupe suivant la ligne brisée 7-8 du moyeu ou plateau recevant dans des encastrements les bras du volant qui s'y fixent par des boulons.

La figure 14 est la coupe de l'assemblage des portions de jante qui se fait au moyen d'un tirant en fer *a* et de deux clavettes.

La figure 15 est une coupe transversale de cet assemblage, passant par le passage d'une clavette.

La figure 16 une coupe dans le corps de la jante suivant la ligne *y y*.

La figure 17 une coupe d'un des bras B en *z z*.

Dans les volants à couronne indépendante et coulée en plusieurs morceaux et dont les bras sont coulés avec le moyeu, l'assemblage des segments de la couronne se fait, comme pour le volant ci-dessus, à tirants et clavettes. Mais les bras ne faisant plus partie de la jante sont assemblés à queue d'hironde, comme on a pu le voir précédemment aux roues d'engrenage.

Volant en fonte de grande dimension à jante indépendante coulée en plusieurs morceaux et à bras rapportés. — La figure 18 est une vue de face d'un volant articulé de grande dimension, dont le diamètre est de $6^m,50$.

La figure 19 est une vue de profil en coupe par la ligne brisée 9-10 du plateau central montrant l'assemblage du bras et de la jante.

L'assemblage des portions de jante avec les bras se fait à mi-joint et à boulons; les bras sont boulonnés sur le milieu avec chaque partie de la couronne.

La construction de ce volant, très-légère et élégante, nous montre une couronne et des bras elliptiques remplissant les conditions indiquées plus haut pour éviter toute résistance à l'air.

Figure 20, portion de face de la jante, partie de son assemblage au bras.

Figure 21, profil de la jante par l'assemblage.

Figure 22, coupe de la jante dont la largeur est le 1/4 de la hauteur.

Figure 23, coupes d'un bras près de la couronne et près du plateau-moyeu à encastrement pour l'assemblage des bras.

PLANCHE XLIII.

Volant fondu de deux morceaux et réunion de grandes poulies doubles de chaque côté sur le même croisillon (cas particulier). — Les figures 1 à 6 représentent le volant d'une machine à vapeur à deux cylindres, de la force nominale de 60 chevaux à haute pression et détente variable, fonctionnant à Paris dans les ateliers du chemin de fer de Lyon, construite par MM. *Leconte* et *Delpêche*, ingénieurs (1).

La figure 1re est une portion de sa vue de face montrant l'assemblage des couronnes C′ C″ des poulies doubles de transmission, assemblage qui s'opère au moyen de 12 boulons passant d'une part dans les six oreilles *b* à nervures dont chaque poulie est munie, et d'autre part dans des renflements ménagés à la fonte sur les bras du volant. Le même boulon sert à l'assemblage des deux poulies-doubles de chaque côté du volant.

L'assemblage des couronnes des poulies sur les bras du volant ne peut s'effectuer que lorsque l'on a réuni les deux portions de jante du volant par des tirants *d* et des clavettes en fer, comme on peut le voir sur le dessin, et la partie centrale du moyeu, par deux frettes en fer *a a′*, placées de chaque côté, en dehors, et posées à chaud.

Une seule clef de calage fixe ce volant sur l'arbre dans lequel elle se trouve engagée de 20 millimètres.

Le moulage de ces volants s'effectue comme s'ils devaient être d'un seul morceau; seulement, avec des plaques de tôle préparées à l'avance, on établit des cloisons dans les noyaux d'assemblage avant de terminer l'opération et de fermer le moule.

La figure 2 est une vue de profil en coupe verticale de l'assemblage à boulons du volant et des poulies doubles de transmission C′ C″, montrant par cette coupe la réunion des deux parties du moyeu par les frettes en fer *a a′* et l'assemblage à boulons des deux poulies doubles sur le croisillon du volant, poulies sur lesquelles on peut placer quatre courroies.

(1) Cette machine a été publiée dans tous ses détails dans l'*Atlas universel des machines*, par L. Chaumont et J. Petitcolin, 9e liv., Ier vol.

La simple rainure $e\ e'$, placée au milieu d'elles et destinée à opérer la séparation des courroies, l'exécute parfaitement et beaucoup mieux que si l'on avait ménagé une saillie à sa place.

Le diamètre de ces poulies motrices est de 2,800 ; la largeur totale de la couronne de chacune de ces doubles poulies, la gorge comprise, est de 0,550.

Figure 3, coupe de la jante en $x\ x$, dont le diamètre est de 4^m,000. Son diamètre moyen est dix fois le rayon de la manivelle.

L'épaisseur de la jante, sens de l'axe de rotation, est de 0,150.

La largeur, sens du rayon, est de 0,260. Son épaisseur est donc 1/2 de sa largeur.

Figure 4, coupe d'un bras suivant la ligne 1-2, figures 1 et 2.

Les figures 5 et 6 montrent l'assemblage des deux portions de jante par le tirant *d*.

Volant à couronne indépendante fondue de plusieurs pièces assemblées et à bras coulés à part du moyeu. — Les figures 7 à 22 représentent en détail divers modèles d'assemblages et de sections de jantes et de bras, au plateau ou à la couronne, de différents volants.

La figure 7 est une portion d'un segment de l'assemblage de la jante C et d'un bras en fer plat B du volant de la machine à vapeur à haute pression sans balancier, à détente variable, de la force de 25 chevaux, construite par M. *Pauwels.*

Ce volant, dont la jante est de 4 morceaux reliés au moyeu par 8 bras, a pour rayon 2,500, et pour rayon moyen 2^m,300. Son diamètre est de 10 fois la longueur du rayon de la manivelle.

La figure 8 en est le plan. Ces figures montrent le raccordement d'une des quatre parties *a* dont se compose cette jante, ainsi que l'assemblage d'un bras.

La figure 9 représente la vue de face du plateau ou tourteau, où viennent se réunir les rayons ou bras en fer plat malléable, appliqués pour de grandes vitesses, qui cependant ne peut guère dépasser 15 mètres par seconde à la circonférence pour éviter tout accident.

Ce plateau porte huit coulisses *b* (ponctuées dans la figure), où les bras du croisillon s'ajustent et sont fixés par des boulons.

La figure 10 donne la coupe du plateau suivant une ligne brisée 3-4 passant par l'axe des nervures et des renflements, qui reçoivent les boulons, et par les évidements des nervures placées entre chaque coulisse.

La figure 11 est la coupe de l'assemblage d'un bras B à la couronne C.

La figure 12 représente deux coupes de la jante : l'une suivant la ligne 5-6, donnant la largeur de la jante, sens de l'axe, qui est les 2/3 de son épaisseur;

Et l'autre, suivant celle 7-8 de l'assemblage des portions de jante.

La figure 13 est la coupe du bras en fer méplat.

Les figures 14 et 15 représentent de face et en profil-coupe l'assemblage d'un bras avec la couronne d'un volant articulé, de $6^m,60$ de diamètre ou 8 fois le rayon de la manivelle, d'une machine de Woolf de la force de 30 chevaux, construite par M. *Edwards* et fonctionnant dans les ateliers du chemin de fer de Paris à Saint-Germain.

Les figures 16 et 17 représentent deux coupes d'un des bras à la plus petite et à la plus grande section.

La figure 18 montre l'extrémité d'un bras et son assemblage avec la couronne du volant articulé de 4,500 de diamètre, monté sur l'arbre de la manivelle d'une machine de Watt de la force de 20 chevaux, à basse pression à double effet, construite dans les anciens ateliers de Charenton. Son diamètre moyen est égal à 3,5 la longueur de la course du piston ou 7 fois le rayon de la manivelle (Voir pl. LXV, figure 3 et 4.)La largeur de la jante dans le sens de l'axe est les 3/4 de son épaisseur.

La figure 19 est une coupe transversale du bras de ce volant.

La figure 20 représente l'extrémité d'un bras de forme elliptique, et son assemblage dans la jante d'un volant de 6 mètres de diamètre. La jante indépendante des bras est en 8 morceaux assemblés, les bras fondus avec le moyeu. Ces pièces appartiennent à une machine soufflante de la force de 100 chevaux, à haute pression, de M. *Edwards*.

La figure 21 nous montre encore une autre manière de fixer les bras fondus séparément à la jante, d'une seule pièce, d'un volant d'une machine à cylindre horizontal, de la force de 25 chevaux, à haute pression, de M. *Bourdon* (1). Le diamètre moyen de ce volant est de 6 fois le rayon de la manivelle qui est de 580.

Enfin la figure 22 en est la coupe par le boulon d'assemblage et la clavette.

Il y a des volants dont les bras s'emboîtent dans le moyeu et boulonnés ensuite : tels sont ceux des machines à colonne de M. *Farcot*.

ARTICLE II. — RÉGULATEURS.

Comme il est indispensable dans presque toutes les machines à vapeur d'arriver à un mouvement uniforme. Or le volant, dans bien des circonstances, ne suffit pas, et, malgré lui, il peut arriver que le mouvement s'accroisse comme il se pourrait, tout en le régularisant, qu'il diminuât de beaucoup si la résistance devenait de plus en plus forte, ce qui nuirait à la machine; on applique donc les *régulateurs* ou *modérateurs à force centrifuge*, qui ne sont autres que des appareils destinés à régulariser la marche, suivant que le mouvement devient trop rapide ou trop lent, afin de la ramener à un état normal, et de régler aussi

(1) Publiée dans les 6e et 7e livraisons de l'*Atlas universel des machines*, par L. Chaumont et J. Petitcolin.

la quantité de vapeur que consomme la machine, proportionnellement à la résistance qu'elle doit vaincre.

Le modérateur à boules ou pendule cônique à force centrifuge, le plus généralement employé est celui de *Watt*. Il se compose de deux boules ou lentilles métalliques de poids égaux, fixées aux extrémités de deux branches supérieures, formant une sorte de losange articulé avec les deux tiges inférieures qui lui servent de guides, et elles viennent s'attacher à une douille pouvant glisser librement le long de l'axe vertical, qui reçoit son mouvement de rotation de l'arbre du volant, et à l'extrémité duquel se trouvent assemblées à charnière les branches supérieures du modérateur.

Jeu du modérateur. — Il résulte de la correspondance de mouvement entre l'axe du modérateur et celui du volant, correspondance qui a lieu soit par poulies, courroies et engrenages d'angles, que, quand la vitesse augmente ou diminue, celle des deux boules varie dans le même rapport; donc, si la vitesse de ces dernières s'accélère, elles tendront à s'écarter l'une de l'autre par l'effet de la force centrifuge ; alors la douille *d* (Voir figure 1, planche XLIV), guidée par les tiges *c c* remontera, et comme la fourchette *e* embrasse la gorge ménagée à la partie inférieure de cette douille, elle décrira un arc de cercle autour de son axe horizontal, qu'elle oblige de tourner en même temps que le levier *f* pour agir sur un système de tringles et leviers qui viennent fermer la valve qui se trouve à l'entrée de l'arrivée de vapeur, de manière à en retrécir le passage.

L'effet contraire a lieu quand la vitesse du volant diminue ; les boules B, placées à l'extrémité des branches supérieures *a a*, dont la masse l'emporte alors sur la force centrifuge, se rapprochent de l'axe vertical A, la douille *d* descend ainsi que la fourchette *e* et le levier *f*; par suite la valve, tournant en sens contraire, s'ouvre davantage pour laisser entrer la vapeur en plus grande abondance, et par là augmenter la vitesse de la machine.

Le modérateur a donc la propriété de donner un mouvement uniforme à l'axe du volant, en faisant ouvrir ou fermer graduellement la soupape d'admission.

La vitesse convenable du modérateur s'obtient par le rapport entre les diamètres des poulies ou roues placées sur l'arbre du volant et sur l'axe du modérateur. On emploie ordinairement des poulies à plusieurs gorges (Voir aux poulies à gorges, planche XXXVIII), afin de pouvoir varier le rapport des vitesses des arbres en communication.

En construction il existe différents moyens de combiner les diverses parties de cet appareil, mais il faut toujours considérer la position des boules, correspondante à la vitesse moyenne, l'amplitude du mouvement et le poids ainsi que la vitesse des boules.

Nous extrayons de *Tredgold* sur le *Pendule conique* les données suivantes :

« Les révolutions d'un double pendule ou modérateur étant les mêmes, quelle que soit la longueur des bras, les boules tournant dans le même plan, et la distance verticale de ce plan au point de suspension est égale à la longueur d'un pendule dont les oscillations complètes auraient une durée égale à celle d'une révolution des boules.

La vitesse ordinaire de l'axe est de 30 révolutions par seconde, et par conséquent la hauteur serait égale à la longueur du pendule simple à secondes qui bat dans le vide, et en moyenne, à Paris, : $L = 0^m,99\ 3,855$. Pour trouver la hauteur verticale correspondante à un autre nombre de révolutions des boules, il faudra diviser $0,99^c,38 \times 900 = 8,9446$ par le carré de ce nombre ; ainsi la hauteur verticale d'un régulateur dont les boules font 20 révolutions, le carré étant 400 et $\frac{89446}{400} = 223^c,61$, hauteur cherchée. »

On peut déterminer l'amplitude par le changement de vitesse de la machine. Or la plus grande variation n'excède pas généralement le 1/10 de la vitesse, c'est-à-dire le 20ᵉ en deçà et au delà de la valeur moyenne, et l'amplitude du mouvement de révolution sera, en ce cas, environ le 1/5 de la hauteur du point de suspension au-dessus du plan de révolution à la vitesse moyenne. Ainsi, en supposant la hauteur moyenne, donnée ci-dessus, $99^c,385$, l'amplitude sera $19^c,87$.

Les boules ont ordinairement en pratique de 15 à 35 kil. de poids chacun; leur effet dépend beaucoup des angles formés par les deux grandes branches. L'angle que ces branches font avec l'axe doit être environ de 30°. Quand elles sont au repos, et pourvu que l'amplitude soit satisfaisante, l'angle que les tiges-guides font avec l'axe peut être rendu aigu, afin que l'intensité de l'effet en soit augmentée en multipliant le diamètre de la poulie placée sur l'arbre du volant par la vitesse de cet arbre en une minute; et, en divisant le produit par le nombre de tours que l'on veut faire faire à l'axe du régulateur, on arrive à déterminer la vitesse des boules en obtenant par le produit le diamètre de la poulie montée sur cet axe.

Donc si le diamètre de la poulie est de 0,50, le nombre de tour de l'arbre du volant de 30, la vitesse à obtenir 60, on a $D = \frac{0,50 \times 30}{60} = 0^m,250$, diamètre cherché.

Il existe des régulateurs à boules placés sur des arbres horizontaux; celui de M. *Flaud* se compose d'un arbre horizontal, recevant son mouvement de l'arbre du volant par des poulies; sur son milieu se trouve maintenu un fort ressort, de façon que ses deux extrémités, attachées à deux douilles, puissent glisser le long de cet arbre; ces douilles portent chacune deux tiges à articulation recevant à leurs extrémités les deux boules métalliques et terminant ainsi le losange articulé. Lorsque la machine marche à une très-grande vitesse, les boules s'écartent et font rapprocher les douilles l'une de l'autre en comprimant le ressort qui les sépare ; dans le cas contraire, les boules retombant par leur poids, le ressort se détend et les douilles s'écartent pour recommencer au premier excès dans la vitesse.

DESCRIPTION DE PLUSIEURS MODÉRATEURS ET EXCENTRIQUES.

PLANCHE XLIV.

Modérateur à force centrifuge. — Le modérateur à boules représenté par les figures 1 à 6 est celui de la machine de Watt, de la force de 20 chevaux.

La figure 1 en montre une vue de face dans laquelle A représente l'axe vertical, recevant le mouvement de l'arbre moteur de la machine, à l'extrémité duquel se trouvent assemblées à charnière les branches *a a*, et le long duquel monte et descend la douille *d;* il reçoit son mouvement de rotation des roues d'angles C, de même diamètre, placées à sa partie inférieure, qui le reçoivent elles-mêmes de deux poulies plates D, dont l'une est placée sur l'arbre du volant. — *e*, fourchette montée sur le même axe que le levier *f* qui reçoit l'extrémité de la tringle *g*, qui communique le mouvement à la soupape d'admission ou d'introduction de la vapeur venant de la chaudière. — E, crapaudine supportant l'arbre vertical du régulateur.

La figure 2 est une section de la douille mobile *d* portant deux oreilles auxquelles s'adaptent, par articulation, les guides *c*.

La figure 3 est une coupe et un plan de la pièce placée au sommet de l'arbre A, après laquelle s'assemblent à charnière les branches *a a*.

La figure 4 est le plan de la fourchette *e*, qui s'engage dans la gorge de la douille *d;* elle fait décrire le même angle qu'elle au levier *f*.

La figure 5 est le plan du secteur *b* fixé sur l'arbre A, et dans les rainures duquel jouent les branches du modérateur en restant toujours dans un même plan avec l'axe.

La figure 6 représente de face et de profil un des guides *c* fixés à articulation aux branches et à la douille mobile.

Modérateur réglant la détente variable.— Ce modérateur à lentilles est celui de la machine de Woolf, de la force de 30 chevaux, dont le volant a été donné précédemment.

La figure 7 représente ce modérateur en vue de face. La communication de l'arbre moteur du volant se fait par en bas, exactement comme pour le précédent, par roues et poulies, par la disposition toute particulière de sa partie supérieure; lorsque les lentilles s'écartent, elles font descendre la douille placée au-dessus de la jonction des deux branches du régulateur, et permettent à la roue d'angle *a* supérieure de s'approcher et d'engrener avec une autre roue d'angle *c*, placée verticalement sur un arbre horizontal communiquant le mouvement, soit dans un sens, soit dans un autre, au mouvement de détente, selon que l'engrenage se fait par la roue du haut *a* à celle du bas *b;* le dessin explique assez la figure sans qu'il soit nécessaire de s'étendre plus longuement.

Régulateur à cônes de friction réglant la marche du tiroir de détente variable. — Le régulateur représenté dans cette figure 8 est celui placé au milieu du bâti de la machine à deux cylindres, de la force de 60 chevaux, des ateliers du chemin de fer de Paris à Lyon, dont le volant a déjà été donné (Voir planche LXIII.)

La disposition de ce régulateur est à peu près la même que dans celui de Watt. Les boules sont guidées par des segments qui pénètrent dans les branches du régulateur, qui sont reliées à la tige centrale A par deux guides articulés. Cette tige intérieure monte et descend selon le mouvement d'accélération ou de ralentissement que lui communique la machine, au moyen de poulies et d'engrenages coniques ; elle porte une clavette *d* à sa partie inférieure passant dans une rainure pratiquée à l'arbre creux B, afin de pouvoir être entraînée par lui dans son mouvement de rotation, et pouvoir en même temps s'élever ou s'abaisser dans son intérieur, selon le besoin.

Cette même tige A est reliée au moyen d'une petite bielle S, fixée par la même clavette *d* à un manchon creux en fonte, portant à chaque extrémité une partie conique creuse F, correspondante à deux cônes *a a'* fondus avec les roues en fonte G G', montées libres sur l'arbre-creux B du régulateur, et qui n'y sont retenues que par les rondelles en fer H et H' fixées par des vis.

Quand les sphères du régulateur s'écartent, la tige A monte; le manchon portant les cônes de friction F, se trouvant relié à cette tige par la bielle S, monte avec elle, et sa partie conique supérieure, venant s'appliquer sur le cône saillant *a* du pignon G, l'oblige à tourner sous l'action du frottement. Le pignon G commande la roue M montée sur l'arbre O allant aux engrenages de la tige du tiroir de détente ; dans ce mouvement le pignon G' est entraîné par la roue M et n'exerce aucune action sur le mouvement, son cône n'étant pas engagé.

Le même effet a lieu en même temps pour la roue M' et l'arbre O'. Afin de rendre le frottement des cônes doux et sensible, il est réglé au moyen des ressorts à boudin *b b'*, placés à l'intérieur du manchon creux, qui, en cherchant à se tendre, décollent les cônes de friction aussitôt qu'une variation dans le mouvement de la tige A le rend nécessaire.

Le mouvement inverse a lieu quand les boules se resserrent; alors c'est le pignon G' qui commande la roue M, qui tourne dans un sens ou dans l'autre, suivant qu'elle est commandée par l'un ou l'autre des pignons.

L'arbre creux B en fer porte à sa partie inférieure le pivot C, qui s'y trouve fixé par une goupille. Ce pivot en acier repose sur une crapaudine placée dans un support en fonte D.

M. *Farcot* applique aussi à ses régulateurs un système de cônes de friction s'emboîtant l'un dans l'autre et se séparant, suivant que les boules s'écartent ou se rapprochent, et transmettant à un levier un mouvement de rotation dans un sens ou dans l'autre.

Article III. — Excentriques.

Les excentriques sont des pièces de machines destinées à transformer le mouvement de rotation continu en un mouvement rectiligne alternatif ou de va-et-vient.

On mesure l'étendue de ce mouvement par le double du rayon d'excentricité, c'est-à-dire par deux fois la distance, plus ou moins grande, qui existe entre le centre de l'arbre moteur et celui de l'excentrique.

On applique les excentriques circulaires à la marche alternative des tiroirs des machines à vapeur, dont le but est de faire arriver la vapeur tantôt sur le dessus, tantôt sur le dessous du piston, et pour tous les mouvements continus, qui ont besoin d'être très-réguliers et sans choc.

Il y a des excentriques de formes différentes; ils varient selon leur application; le plus ordinairement employé après celui circulaire est celui dit de Vaucanson ou *excentrique en cœur*.

La détente dans les machines à vapeur est aussi faite par des excentriques affectant des formes diverses.

L'excentrique à transmission de mouvement régulier, appliqué aux tiroirs de machines à vapeur, fait une révolution par chaque révolution du volant sur l'arbre duquel il est monté, ou pour chaque coup double du piston. Sa construction la plus ordinaire est un disque circulaire en fonte, en un ou deux morceaux, qui ne tourne pas autour de son centre, et qui a un mouvement de va-et-vient par la rotation de l'arbre moteur sur lequel son axe est calé; il est enveloppé par un collier à oreilles, en fer ou en cuivre jaune, en deux parties, à l'intérieur duquel il peut glisser en tournant, et qui vient s'ajuster à frottement doux dans une gorge plate ménagée sur la circonférence de l'excentrique. Ce collier porte deux tirants s'ajustant à boulon dans les oreilles et se réunissant à leur autre extrémité pour former ce que l'on appelle la *barre d'excentrique*.

On conçoit que la partie la plus large de l'excentrique, celle qui fait le plus saillie en dehors de l'arbre moteur, se trouve dans le mouvement tantôt reportée vers la droite et tantôt vers la gauche : le collier fixé aux tirants, ne pouvant tourner, se trouve donc poussé de ces mêmes côtés, et produit un mouvement de va-et-vient de la barre d'excentrique, qui à son autre extrémité possède une encoche venant reposer sur le bouton d'un levier à fourchette fixé sur un petit axe horizontal qui communique son mouvement alternatif, au moyen de levier et de tringles, à la tige du tiroir de distribution de la vapeur.

La longueur de la barre d'excentrique est la distance qui existe entre l'axe de l'arbre moteur et l'axe de l'arbre du tiroir de distribution.

PLANCHE XLIV.

Excentrique circulaire. — Cet excentrique en fonte, de la machine de Watt de la force de 20 chevaux, dont le volant et le régulateur ont été décrits, a son disque A évidé, afin d'économiser la matière et de diminuer son poids; il est muni d'un bras à nervure pour conserver la résistance, et il se compose d'un seul morceau, devant se placer sur un arbre droit.

Pour les locomotives à arbres coudés d'une seule pièce, il faut les fondre de deux morceaux pour leur passage dans l'arbre.

La figure 9 est une vue de face brisée de l'excentrique dont une portion de la bague C se trouve coupée. La barre B se compose de deux tirants et de plusieurs barres de fer forgé méplat, maintenant la rigidité, et réunis entre eux par des rivets et des vis. Son extrémité *a*, qui reçoit une encoche ou *crochet d'excentrique*, repose sur le bouton du levier à fourchette *b* transmettant à l'arbre horizontal *c* des tiroirs le mouvement de la barre B de l'excentrique. Les leviers *d*, montés sur cet arbre, forment un angle droit avec la fourchette *b*, décrivent le même arc, et comme ils sont assemblés par articulation aux bielles de la tige du tiroir, ils l'obligent à monter et à descendre alternativement.

La longueur de l'excentrique est de 4^{m},80, le rayon d'excentricité *f*, *g* est de 0^{m},072, et l'étendue du mouvement de 0^{m},144 : le centre *f* se trouve presque diamétralement opposé à l'extrémité de la manivelle; ce qui détermine le sens du mouvement de la machine.

La figure 10 est un profil d'une moitié du collier ou bague en fer C de l'excentrique. Ce collier est garni intérieurement d'une rondelle de cuivre qui s'y trouve rivée.

La figure 11 est le plan brisé de la barre et de la bague.

La figure 12 est l'élévation de face, et la coupe du disque évidé ou poulie de l'excentrique.

La figure 13 est la bague *c* servant à réunir la barre de l'excentrique B à son prolongement B', qui est terminé par une poignée ou mannette, pour la dégager du bouton *a* quand on met la machine en mouvement, afin de manœuvrer le tiroir à la main.

Les dispositions dans la construction de la barre d'excentrique varient chez chaque mécanicien.

Excentrique pour machine à bateau. — Les figures 14 à 17 représentent en élévation et en plan l'excentrique d'une machine à vapeur pour bateau, à basse pression, avec condensation, de la force de 12 chevaux, construite par MM. *Barnes* et *Miller*, de Londres.

L'excentrique est un disque circulaire en fonte A composé de deux parties réunies et monté sur l'arbre de couche B. La gorge ménagée à sa circonférence est embrassée par une bague en cuivre C formée de deux demi-cercles que l'on serre au degré convenable par des écrous; cette bague est portée par une bielle fourchue en fer D ou barre de l'excentrique, dont l'autre extrémité repose sur le bouton *a* fixé d'une manière invariable à l'un des bras d'un levier coudé; de sorte que dans le mouvement de rotation de l'excentrique, la barre, poussée à droite ou à gauche, fait décrire au point *a* un arc de cercle autour de l'axe du levier portant le bouton qui lui sert de centre d'oscillation. Cet axe, entraîné dans le mouvement, fait monter et descendre le levier et les tringles portant la tige des tiroirs.

C'est au moyen de ce mécanisme qu'on dégage la barre de l'excentrique du bouton *a*, sur lequel elle repose pendant le mouvement de la machine. Lorsqu'on veut mettre la machine en train, il faut rendre ce bouton libre pour manœuvrer le tiroir à la main; il suffit pour cela de soulever le levier courbe *b* par la poignée *b'* dont il est armé, afin de le faire arriver jusqu'au niveau de l'encoche *c* de la barre D et de le faire appuyer sur le bouton; il tendra par conséquent à soulever le tirant ou barre d'excentrique, et par suite à se dégager du bouton *a*. On peut ensuite faire manœuvrer le tiroir par la poignée du levier à fourchette; pour que l'encoche ne retombe pas sur le bouton pendant cette manœuvre, on maintient le levier courbe *b* dans la position ponctuée (ou extrême) au moyen d'un cliquet d'arrêt *d*, qui, d'un bout, s'appuie sur un petit ressort *e* fixé sur la barre, et qui, de l'autre, traverse une mortaise pratiquée dans l'épaisseur du levier courbe *b* du côté de sa poignée: dès que celui-ci est soulevé, le ressort tend à faire prendre au cliquet la position ponctuée, et ce dernier se dégage en partie de la mortaise; il en résulte que sa partie sert d'appui au bout du levier *b*, qui ne peut plus se baisser; il suffit de pousser le cliquet pour faire reprendre à la barre sa position primitive.

Cette portion de la barre d'excentrique D' est liée par une clavette à celle D, qui porte le collier de l'excentrique.

La bride en fer *f*, fixée à la barre D' sous l'encoche, permet au bouton de prendre tout le jeu nécessaire, sans toutefois s'écarter trop de ce dernier.

Excentrique de locomotive. — Cet excentrique en fonte A, d'une locomotive de M. *Polonceau*, figures 18 et 19, est en deux morceaux enveloppés par le collier en cuivre C, avec godet à l'huile *b*. Son assemblage, ou plutôt la réunion des deux parties, est faite par deux boulons à vis *a* et clavettes de serrage. La barre B se termine d'un bout par un œil qui vient s'attacher à une pièce articulée avec la tige du tiroir, et de l'autre se boulonner sur le collier de l'excentrique.

Le collier C de cet excentrique possède sur sa circonférence un œil *b*, destiné à recevoir l'extrémité de la tige articulée de la pompe alimentaire de la machine.

Excentrique de machine fixe. — Les figures 20 et 21 représentent, de face et en coupe horizontale, la poulie d'un excentrique en fonte A recevant la poulie de commande en fer D au régulateur, fixée avec des vis, de la machine à cylindre horizontal, de la force de 25 chevaux, de M. *Bourdon*, dont le volant et les bielles ont été reproduits.

Le rayon d'excentricité est de 0,030.

La barre B de cet excentrique vient se claveter dans une douille *a*, fondue au collier en cuivre C. Deux tiges ou tirants *b*, se réunissant à cette barre en un point de sa longueur, sont boulonnées aux deux oreilles *c* du collier et servent à la réunion de ses deux parties.

CHAPITRE II.

MANIVELLES, BIELLES, BALANCIERS ET BATIS.

Article Ier. — Manivelles.

Les manivelles, dans les machines à vapeur, sont des pièces fixées sur l'arbre moteur, autour duquel elles décrivent une circonférence plus ou moins grande; elles sont destinées à transmettre, par l'intermédiaire de la bielle, le mouvement de va-et-vient du piston, transformé en mouvement de rotation, aux diverses machines à mettre en œuvre.

Nous extrayons de *Tredgold* une table des variations de la force de rotation lorsqu'une force constante presse la manivelle, ainsi que les observations qui la précèdent.

« Il se présente trois cas, dit-il, dans les changements effectués par la manivelle du mouvement alternatif en mouvement de rotation :

« Le premier est que la force motrice peut être uniforme et s'exercer en ligne droite;

« Le second, que la force motrice peut être uniforme et s'exercer en ligne courbe;

« Le troisième, et dans chacun de ces cas, la force peut être variable.

« La manivelle augmente la vitesse de la force motrice, et, dans la construction usitée, elle l'augmente dans le rapport de la circonférence du cercle au double du diamètre; mais ce rapport peut varier.

« Le tableau suivant a donc été calculé pour une force uniforme agissant en ligne droite; on a représenté par l'unité la force motrice en ligne droite, et le tableau indique la pression qu'elle produit dans la direction de la tangente au cercle, à chaque quart de circonférence et de 30 en 30 degrés. Cela permettra de juger de l'effet d'une force variable. »

TABLE DES VARIATIONS DE LA FORCE DE ROTATION LORSQU'UNE FORCE CONSTANTE PRESSE LA MANIVELLE.

PARTIE DE LA COURSE DÉCRITE, LA COURSE ENTIÈRE ÉTANT PRISE POUR UNITÉ.	NOMBRE DE DEGRÉS PARCOURUS A PARTIR DE L'ORIGINE.	RAPPORT DE LA LONGUEUR DE LA BIELLE A CELLE DE LA MANIVELLE, CETTE DERNIÈRE ÉTANT PRISE POUR UNITÉ.					
		2	3	4	5	6	7
0.067	30°	0.72	0.65	0.61	0.59	0.57	0.56
0.146	45	0.97	0.87	0.83	0.80	0.78	0.77
0.25	60	0.10	1.01	0.98	0.95	0.94	0.93
0.5	90	1.00	1.00	1.00	1.00	1.00	1.00
0.75	120	0.62	0.75	0.75	0.78	0.79	0.80
0.854	135	0.43	0.57	0.57	0.60	0.62	0.63
0.933	150	0.27	0.39	0.39	0.42	0.43	0.44
1.000	180	0.0	0.0	0.0	0.0	0.0	0.0

On a représenté la longueur de la manivelle par l'unité; mais ces tables s'appliquent à toute espèce de longueur de manivelle lorsque la bielle a 2, 3, 4, 5, 6 ou 7 fois la longueur indiquée dans la première et la deuxième colonne.

On distingue deux sortes de manivelles : Les manivelles simples et les manivelles accouplées.

§ Ier. — *Manivelles simples.*

Les manivelles simples sont tantôt en fer et tantôt en fonte. L'extrémité à laquelle la force est appliquée s'appelle la tête; cette tête reçoit dans un œil une pièce de fer nommée *bouton* ou *maneton* de la manivelle, qui transmet l'effort de torsion, qu'il reçoit de la bielle, à l'arbre principal sur lequel la manivelle est montée.

On considère trois parties dans une manivelle :

Le *moyeu*, recevant l'extrémité de l'arbre moteur ;

La *tête*, recevant le bouton,

Et le *corps*, reliant ces deux parties.

Des manivelles en fer et des dimensions de leurs diverses parties. — Les manivelles en fer forgé sont préférables, malgré leur prix élevé, à celles en fonte, étant moins susceptibles de se rompre sous l'effet d'un choc quelconque; elles sont, en outre, plus légères et tiennent moins de place. Elles s'emploient plus particulièrement dans les machines horizontales, oscillantes et à directrices.

Du moyeu. — Ainsi que nous l'avons dit pour les volants, le diamètre du moyeu et du trou varient selon que l'arbre est en fer ou en fonte. Il est admis comme, règle en pratique, que le travail réel sur cet arbre est moitié de celui du piston à vapeur, et que, pour obtenir une force effective, par exemple, de 12 chevaux ou 12×75 kilogrammes $=$ 900 kilog., il faut que la pression sur le piston soit double, la vitesse étant de 1^m à 1.30 au plus par seconde, marchant à pleine vapeur pendant toute la course du piston, comme dans les machines dites à basse pression et à balancier, c'est-à-dire 1800 kilogrammes. (Voir *arbre*, 1re partie.)

Le moyeu sert à relier l'arbre à la manivelle. Toutes ses dimensions se rapportent au tourillon de l'arbre sur lequel la manivelle est montée.

Ce tourillon déterminé, l'alesage du trou doit être fait exactement suivant le diamètre de l'arbre, qui est toujours de 1/10 plus grand que le diamètre du tourillon qui doit recevoir le palier servant à le supporter. Sa longueur parallèlement à l'axe de rotation sera de 1/5 plus grande que le diamètre du tourillon, afin que la manivelle se trouve maintenue convenablement sur son arbre. Son épaisseur autour de l'arbre est égale au rayon du tourillon de l'arbre.

Son calage sur l'arbre se fait au moyen d'une clef de fer, dans une rainure pratiquée sur toute la longueur de la partie de calage. Elle ne doit pas avoir plus du 1/3 du diamètre du tourillon, et se trouve placée dans l'axe du corps de la manivelle. Son épaisseur est la 1/2 de sa longueur, dont un 1/4 seulement pénètre dans l'arbre.

Dans les fortes machines, on est obligé de mettre deux et trois clefs. On ajoute souvent une clavette traversant le moyeu et l'arbre parallèlement au sens de la rotation.

De la tête. — Le diamètre de la tête et de l'œil de la manivelle dépendent du diamètre du bouton.

Les boutons ou manetons, qui sont généralement en fer forgé, se calculent suivant les efforts de pression qu'ils ont à supporter perpendiculairement à leur axe, efforts équivalant à la pression totale maximum qui a lieu sur le piston à vapeur et transmis par la bielle.

M. *Morin*, dans son *Aide-Mémoire*, dit que l'on peut sans danger charger le bouton d'une manivelle de 50 kil. par centimètre carré de section. Ainsi, connaissant le diamètre du cylindre à vapeur et sa surface en centimètres carrés, que l'on multiplie par l'effet utile, réduit à 0 kil. 56 de 1 kil. 29 de la pression de la vapeur dans la chaudière par centimètre carré [1], on obtient la

[1] Nous croyons devoir indiquer ici comment on calcule cette pression ainsi que la force en chevaux-vapeur des machines dites à basse pression, à balancier sans détente. Pour ces sortes de machines, que l'on emploie à cause de la régularité de leur marche et de la facilité de leur entretien, la vapeur est produite dans la chaudière à une température au-dessus de 100 degrés centigrades, équivalant à $1^{atm},25$ ou $1^k,29$ par centimètre

charge totale en kilogrammes, qui, divisée par 50, donne la section du bouton en centimètres carrés, dont la racine carrée sera le diamètre du bouton en fer de la manivelle.

On admet aussi que ce diamètre peut être environ le 1/6 du diamètre du cylindre à vapeur, ou 2/3 plus grand que le diamètre de la tige du piston, qui en pratique est à peu près le 1/10.

Ces boutons servent donc, comme nous l'avons dit plus haut, à transmettre l'effort de torsion qu'ils reçoivent de la bielle à l'arbre du volant.

Le diamètre du bouton étant déterminé pour une certaine force, on donne généralement en construction à la longueur de la tête de la manivelle un 1/3 de plus que le diamètre de la partie de ce bouton qui assemble la manivelle à la bielle. Le diamètre intérieur de l'œil, ainsi que la partie du bouton ou embase servant à son ajustement et qui pénètre dans l'œil, aura le même diamètre que le bouton.

L'épaisseur de la tête, de chaque côté de l'œil, est à peu près égale au rayon du bouton.

La longueur du bouton, c'est-à-dire la partie qui embrasse les coussinets de la bielle ou de la tige du piston, dans de certaines machines, varie suivant que la bielle est en fer ou en fonte : cependant, dans le premier cas, on peut lui donner un 1/3 plus grand que le diamètre du bouton lui-même.

On emploie aussi des boutons sphériques, destinés à obvier au gauche qui se produit assez souvent dans les machines ; mais, comme ce gauche se fait sentir aussi bien sur les tourillons du balancier que sur la tête de la bielle, cela oblige à construire toutes ces pièces à articulations.

Du corps. — Le corps se compose d'une partie plate ou masse pleine à section rectangulaire, reliant d'un côté le moyeu et de l'autre la tête. Chacune des faces de cette partie se raccorde par des arcs de cercle avec le moyeu et la tête.

La largeur totale du corps, prolongée sur l'axe du moyeu, représente les 3/5 du diamètre de ce moyeu. Son épaisseur dans l'autre sens, prise également sur l'axe, donne les 2/3 de la longueur du moyeu.

carré. La pression de l'air atmosphérique étant la force capable de soulever dans le vide une colonne d'eau de $10^m,33$ que l'on estime par le poids de $1^k,033$ sur un centimètre carré, qui, pris pour unité, est la pression de la vapeur à 100 degrés dans la chaudière. Mais la pression dans la chaudière étant bien différente de celle réelle exercée sur la surface du piston, par les frottements de toutes les pièces actives, par le vide incomplet, les refroidissements, etc., etc., on admet que l'effet utile produit se réduit à 0,50 par centimètre carré, pour les machines de petites forces, la vitesse moyenne du piston étant de $0^m,90$ en une seconde, et à $0^m,63$ pour les plus fortes, le piston ne dépassant guère $1^m,30$ en vitesse.

Ainsi, pour avoir l'effet utile et les principales dimensions dans les machines à vapeur à basse pression, il suffit de multiplier la pression réelle de la vapeur sur le piston, par la surface de celui-ci en centimètres carrés, et le produit par la vitesse en mètres en une seconde pour obtenir l'effet utile en kilogrammètres, qui, divisé par 75, donne la force en chevaux.

On sait que la force d'un cheval-vapeur est égale à 75 kilogrammes élevés à 1 mètre en une seconde.

La largeur totale à la tête, mesurée sur l'axe de l'œil, est égale aux 2/5 du diamètre de cette tête. Son épaisseur, dans l'autre sens, est la 1/2 de la longueur de la tête.

La distance qui sépare l'axe du moyeu de l'axe de l'œil de la manivelle est toujours égale à la 1/2 de la course du piston à vapeur, et dans les machines à vapeur à balancier sans détente (système de Watt), au diamètre du cylindre à vapeur, qui, dans ces machines, sert de base aux dimensions des autres organes principaux.

Des manivelles en fonte. — Les manivelles en fonte s'ajustent toujours sur des arbres en fonte. Ces manivelles se rencontrent fréquemment dans les machines à balancier, à basse et moyenne pression, du système de Watt et Woolf.

Leurs dimensions sont plus fortes et le corps ne forme pas une masse pleine : il possède des évidements et des moulures qui n'existent pas dans les manivelles en fer.

Dans ces manivelles, la largeur totale du corps est ordinairement les 3/4 du diamètre du moyeu. Quant à l'épaisseur, elle atteint presque toujours la longueur du moyeu, et il en est de même pour la partie qui se relie à la tête.

§ II. — *Manivelles accouplées.*

Les manivelles doubles et accouplées sont le plus ordinairement employées dans les machines à vapeur pour bateaux. Comme il est dit (1re partie, pl. XI, *arbres coudés en plusieurs pièces*), le corps de l'arbre est interrompu dans sa longueur par deux paires de manivelles situées dans des plans perpendiculaires entre eux et réunies chacune par un bouton unique. Cette disposition, applicable aux machines où l'emploi d'un volant est impossible, permet de faire agir deux machines sur le même arbre moteur et de dépasser successivement et avec facilité les points-morts. La bielle ou la tige du piston à vapeur de l'une des machines se trouvant à son maximum de course tandis que celle de l'autre est à son minimum, et *vice versa*, on arrive ainsi à une régularité à peu près complète du mouvement.

Dans les appareils de marine, les arbres et leurs manivelles sont toujours en fer forgé. Leurs proportions n'ont rien qui diffère essentiellement de celles des manivelles simples en fer. Dans de certains appareils où il y a deux machines, les manivelles, quoique semblables entre elles, diffèrent pour l'épaisseur : ainsi celles situées aux extrémités de l'arbre moteur intermédiaire placé entre les deux machines sont plus fortes, comme ayant à supporter plus d'efforts, que celles fixées sur les arbres des roues à palettes.

DESCRIPTION DE DIVERS EXEMPLES DE MANIVELLES.

PLANCHE XLV.

Manivelles accouplées en fer. — La figure 1 de cette planche représente en coupe verticale une manivelle double actionnant l'arbre moteur sur un point de sa longueur, dans la machine à vapeur de la force de 25 chevaux, de M. *Pauwels*.

Le rayon de ces manivelles accouplées est le 1/3 de la longueur de la bielle.

La figure 2 est une vue de face d'une des manivelles.

La moyeu M, la tête T et le corps C sont construits, à très-peu près, dans les proportions énoncées ainsi que le calage, par rapport au tourillon A de l'arbre moteur et au bouton B de la manivelle.

En *e*, *e'* on voit les dimensions du corps de la manivelle prolongé en ponctués sur l'axe du moyeu (fig. 1 et 2), de même que celles du corps sur l'axe de la tête en *f* et *f'*.

Ces manivelles reçoivent chacune une clavette *g* et *g'*, qui traverse l'arbre et le moyeu.

L'assemblage du bouton en fer B réunissant les deux manivelles se fait dans la tête T' par un ajustement conique *b* et une clavette traversant la tête et la fusée, et dans l'autre tête T par une portée cylindrique *c*, passant dans l'œil de la manivelle, et un écrou *h*.

d est l'épaisseur de chaque côté de l'œil.

Il y a des manivelles simples où la portée d'ajustement *c* du bouton est conique; dans ce cas le grand diamètre du cône est égal au diamètre du bouton même.

Manivelle simple en fonte. — La manivelle en fonte représentée par les figures 3 et 6 est celle de la machine à vapeur Watt, de la force de 20 chevaux.

Le rayon de cette manivelle est le 1/5 de la longueur de la bielle (voir pl. XLVII), la 1/2 de la course du piston et à peu près le diamètre du cylindre à vapeur, qui est de 620 millimètres.

Les figures 3 et 4 représentent la vue de face et de profil.

La figure 5 est une coupe suivant la ligne 1-2 par le milieu du corps C de la manivelle. Elle nous montre les évidements et moulures qui y sont faits.

La figure 6 donne en vue extérieure le bouton B de cette manivelle. La partie qui passe dans l'œil est légèrement conique, possède un trou pour le passage de la clavette et se termine par une partie taraudée pour recevoir l'écrou.

Autre manivelle en fonte. — Les figures 7 et 8 donnent de face et de profil une manivelle en fonte, à l'échelle de 1/20, d'une machine du système de Woolf, de la force de 100 chevaux, construite par M. *Edwards* pour les forges d'Abainville.

Le rayon de cette manivelle est le 1/6 de la longueur de la bielle.

Le bouton B est sphérique, comme on peut le voir, afin de remédier au gauche pouvant résulter d'un défaut de parallélisme entre les points extrêmes. Aussi l'intérieur des coussinets de la bielle de cette machine est-il également sphérique, et le balancier à boule (voir pl. XLVII, fig. 8 à 19, et pl. XLIX, fig. 4 à 9) il est retenu à la manivelle par une clavette *a*, qui vient s'engager dans une rainure pratiquée à la tête T et disposée de façon à pouvoir opérer le serrage.

La figure 9 est une coupe par le milieu du corps de la manivelle.

La calage sur l'arbre de couche se fait par trois clavettes.

La figure 10 est une coupe au 1/20 d'une autre manivelle en fonte d'une machine de Woolf à deux cylindres, de la force de 30 chevaux. (Voir le volant pl. XLIII, fig. 14 à 17.)

La figure 11 est la coupe en travers au 1/5 du corps de la manivelle d'une machine oscillante ou à action directe, de M. *Kientzy*.

Manivelles accouplées en fer forgé, pour bateau. — Les figures 12 et 13 représentent une vue de face, une manivelle étant coupée, et un profil, des manivelles accouplées placées sur le milieu de l'arbre de couche, de l'appareil à vapeur pour bateau, à basse pression, à un seul cylindre, de la force de 12 chevaux, construit par MM. *Barnes* et *Miller*, de Londres.

Ces manivelles sont fortes et plus courtes que les autres ; le bouton B est cylindrique et retenu, comme on peut le voir sur le dessin, par une clavette passant dans la tête de chacune des manivelles.

L'arbre à manivelle de la pl. XI, fig. 1, a son bouton assemblé à rivure, système qui a l'avantage de ne pas laisser de saillie à la face postérieure de l'œil.

Les boutons des manivelles pour bateau, ayant à supporter des pressions plus grandes, ont besoin d'être plus forts que ceux des autres machines.

Autre genre d'accouplement de manivelles. — Les figures 14 et 15 représentent un autre genre d'accouplement de manivelles d'un appareil à vapeur de la force de 8 chevaux, construit par M. *Farcot*.

Une des deux manivelles se trouve faire corps avec l'arbre, tandis que l'autre s'y trouve seulement calée.

Le dessin montre suffisamment l'assemblage du bouton et son objet.

La figure 16 est une coupe du corps de la manivelle, celle dont l'épaisseur est la moins forte.

Il y a encore des accouplements de manivelles réunissant des arbres au moyen d'une pièce d'accouplement ou menotte d'attelage, qui peut s'enlever facilement en repoussant les clavettes serrant les coussinets des manetons des manivelles. Ils servent lorsque l'on veut rendre dans les bateaux les roues libres, en leur donnant un mouvement de rotation indépendant, ce qui permet de faire virer de bord des bâtiments de premier ordre sans le secours du gouvernail.

Ces accouplements ont pour principal but de parer aux tassements, oscillations qui peuvent se produire, plutôt que pour changer les diverses manœuvres ou pour la marche.

ARTICLE II. — BIELLES.

Les bielles sont de grandes verges d'une forme parabolique qui leur donne la force de résister à la flexion latérale et aux efforts de compression et de traction longitudinaux.

Cet organe de transformation du mouvement de va-et-vient du piston moteur en celui de rotation continue à l'arbre du volant, est suspendu d'un côté à l'extrémité d'un balancier par une articulation et de l'autre sur le bouton de la manivelle transmettant l'effort de torsion à l'arbre moteur.

Le tableau suivant, par *Robert Brunton*, donne l'effort que doit faire la bielle pour faire tourner la manivelle aux diverses périodes de sa révolution.

La course du piston à vapeur étant prise pour unité de longueur, le balancier à partir du centre sera 2, la longueur de la manivelle 0,5 et la longueur de la bielle 3.

Les colonnes 1 et 5 donnent le mouvement du piston exprimé en fractions décimales, la course totale étant prise pour unité;

Les colonnes 2 et 6, l'angle formé par la bielle et la manivelle;

Les colonnes 3 et 7, la longueur effective du levier sur lequel agit la bielle, la manivelle entière étant prise pour unité;

Les colonnes 4 et 8, les fractions décimales d'une demi-révolution du volant.

Ces dernières colonnes indiquent aussi la force qui est communiquée au volant, exprimée en fractions décimales de l'effort absolu du piston.

TABLEAU PAR ROBERT BRUNTON DONNANT L'EFFORT QUE DOIT FAIRE LA BIELLE POUR FAIRE TOURNER LA MANIVELLE AUX DIVERSES PÉRIODES DE SA RÉVOLUTION.

1	2	3	4	5	6	7	8
0.0	180°	0.0	0.0	0.55	80°	0.99	0.507
0.05	151	0.46	0.128	0.60	75	0.96	0.572
0.10	141	0.62	0.158	0.65	69	0.92	0.538
0.15	131	0.74	0.178	0.70	62	0.88	0.607
0.20	123	0.84	0.271	0.75	57	0.82	0.642
0.25	117	0.89	0.308	0.80	49	0.75	0.680
0.30	110	0.94	0.342	0.85	42	0.66	0.723
0.35	104	0.98	0.377	0.90	34	0.55	0.776
0.40	97	0.99	0.412	0.95	23	0.40	0.840
0.45	91	1.00	0.441	0.100	0	0.00	1.000
0.50	85	1.00	0.473	0			

Dans de certaines machines la bielle seule constitue tout le mécanisme par lequel s'opère la transformation du mouvement : ainsi dans les machines horizontales et les locomotives, elle se trouve attachée directement à la tige du piston ; il en est de même dans beaucoup de machines à bateaux où le balancier se trouve supprimé.

Les bielles sont de deux sortes :

Les bielles en fer forgé et les bielles en fonte.

Elles se composent de deux têtes placées à leurs extrémités et du corps ou verge qui les relie.

§ 1er. — *Des différentes parties d'une bielle en fer et de leurs proportions.*

Les bielles en fer sont le plus généralement employées; elles sont bien préférables à toutes les autres. Il n'y a guère que dans les fortes machines à vapeur à balancier, celles des systèmes de Watt et Woolf, à basse et à moyenne pression, où elles doivent agir verticalement, que l'on emploie celles en fonte.

Les bielles sont à deux têtes ou une fourche et une tête, et affectent des formes différentes selon les machines où elles sont appliquées.

Des têtes. — La tête qui réunit la bielle au bouton de la manivelle, lorsqu'elle n'est pas forgée complétement avec le corps, est à chape et coussinets rapportés et à section rectangulaire. Toutes ces pièces secondaires sont fixées à la tête par une clavette et une contre-clavette.

Les têtes forgées avec le corps, comme dans les petites bielles d'accouplement, se composent d'un renflement évidé intérieurement, destiné à recevoir les coussinets qui s'y trouvent maintenus et serrés par une clavette.

La largeur et l'épaisseur de la tête sont égales à celles des coussinets; moins les saillies des joues qui existent de chaque côté, cette tête est toujours plus forte que l'extrémité du corps de la bielle.

La mortaise pratiquée dans la tête de la bielle a pour longueur celle de la longueur moyenne de la clavette et de la contre-clavette, plus une certaine quantité pour parer à l'usure des coussinets et opérer le serrage.

Quant à l'épaisseur de matière qui existe entre la mortaise et l'extrémité de la tête sur laquelle s'appuie le coussinet, on la fait un peu plus forte que le rayon de ce coussinet.

La *chape* ou bride sert à retenir les coussinets à leur place. Elle est presque dans tous les cas en fer méplat, d'une épaisseur nécessaire pour la résistance à supporter, et elle est percée de mortaises pour le passage de la clavette et de la contre-clavette. L'épaisseur est plus forte dans ce passage sur toute sa largeur, environ le 1/3 du diamètre du coussinet. Si la bride était en fonte, cette épaisseur ne régnerait qu'autour de la mortaise. Sa largeur est égale à la longueur des coussinets, l'épaisseur des joues ménagées de chaque côté des coussinets étant déduite.

Les *coussinets* servent à adoucir le mouvement de rotation du tourillon dans leur intérieur et à le maintenir toujours serré ; ils se font en bronze ou en cuivre, à contour extérieur octogonal, carré ou en ogive.

Le diamètre des coussinets de cette tête étant celui du bouton de la manivelle, d'après ce que nous avons dit précédemment, nous n'avons pas à nous y arrêter ; nous ne nous occuperons que des dimensions des autres parties.

Pour empêcher le coussinet extrême de la tête de fléchir sous la pression de la chape, dans le sens de l'axe de la bielle, on lui donne pour épaisseur, dans les fortes machines, le 1/3 de son rayon. L'épaisseur sur les côtés, dans le sens perpendiculaire, où l'usure est moins sensible, est réduite au 1/4 de cette dernière. Certains mécaniciens constructeurs la font égale.

La longueur des coussinets est égale à celle du bouton de la manivelle, qui, comme on l'a vu, est de 1,4 plus grande que son diamètre. Les joues qui existent de chaque côté des coussinets sont destinées à les maintenir en place. La saillie est égale à l'épaisseur du coussinet dans sa partie la plus forte.

Les *clavettes* servent à opérer le serrage des coussinets ; elles se composent d'une clavette et d'une contre-clavette à double talon, parfois de deux contre-clavettes : ces dernières servent à maintenir l'écartement des deux branches de la bride et à retenir le tout à la bielle si la clavette venait à sauter.

Dans les pièces soumises à des chocs ou à des efforts de torsion, comme dans les locomotives, on ajoute à la contre-clavette une queue qui se retourne d'équerre dans le sens opposé à son talon, qui reçoit un œil dans lequel vient passer le bout taraudé de la clavette, recevant un écrou au moyen duquel on règle la force du serrage. (Voir *Clavettes*, page 19, pl. II.)

Elles doivent être d'une épaisseur moyenne, capable de résister à la traction et au serrage, soit le 1/5 à peu près du diamètre des coussinets, et avoir les côtés extérieurs parallèles entre eux.

Du corps. — Le corps, étant la partie placée entre les deux têtes de la bielle, est celle qui doit résister aux efforts dus à la force de la machine et produits par la pression totale de la vapeur, qui a lieu sur la surface du piston, laquelle pression sert à mesurer la force de la machine.

L'effort que le corps de la bielle a à supporter est donc égal à cette pression, les deux bras du balancier étant égaux.

On admet généralement que la section aux extrémités du corps d'une bielle en fer est égale au diamètre de la tige en fer du piston, qui, comme on le sait, à peu près est le 1/10 du diamètre du cylindre à vapeur, dans les machines à basse pression à condensation sans détente. Pour la section au milieu, qui est renflée afin de résister aux efforts de flexion et de compression ou d'écrasement qui se produisent, la longueur d'une bielle étant variable, on lui donne une augmentation dans un certain rapport, soit de 25 millimètres par mètre, par exemple, tout en conservant à la courbe son origine parabolique. (Voir *Résistance des matériaux*, page 12.)

La *tête à fourche* qui réunit la bielle au tourillon de la traverse du piston à vapeur est de construction semblable à celle qui s'assemble au bouton de la manivelle; seulement on fait rapporter pratiquement le diamètre des coussinets à celui fort de la tige du piston, et leur largeur égale à leur diamètre. La distance qui existe entre les bras de la fourche est à peu près égale au 1/10 de la longueur du corps de la bielle.

§ II. — *Des bielles en fonte et de leurs diverses parties.*

Les bielles en fonte ne trouvent plus guère leur application que dans les fortes machines à balancier, et principalement dans celles de Woolf; elles sont généralement à fourchette. Quand le balancier est à deux flasques, on les fait à deux têtes. L'effort qu'elles ont à supporter est comme pour celles de fer.

La longueur totale ordinaire d'une bielle motrice en fonte a en principe, d'après Watt, trois fois la course du piston moteur ou six fois la longueur de la manivelle, au minimum deux fois la course du piston.

La tête des bielles en fonte s'assemblant au bouton de la manivelle est généralement fondue d'une seule pièce avec le corps et disposée de façon à recevoir et retenir les coussinets. Ils y sont retenus et serrés par une longue clavette en fer.

La section de la partie qui relie la tête au corps jusqu'à l'origine de la courbe, au-dessous du cordon, est très-peu conique et à section circulaire, ovale, etc.; elle est d'une longueur égale au rayon de la manivelle augmentée de celui du moyeu, et un peu méplate sur les deux faces, afin de laisser passer la manivelle dans son mouvement de rotation.

La fourchette suspendue après le tourillon de l'axe extrême du balancier est à chape et coussinets rapportés et réunis par des clavettes, comme celle des bielles en fer, ainsi que les proportions.

Le diamètre des coussinets est égal aux 3/4 ou à la 1/2 forte de celui du bouton de la manivelle. Leur longueur est généralement égale à leur diamètre ou à la largeur de la branche de la fourche. Nous verrons au balancier que chacun de ces tourillons n'a à supporter que la 1/2 de l'effort exercé sur le tourillon ou bouton de la manivelle.

L'écartement entre les fourches est, à très-peu près, le 1/10 de la longueur de la verge de la bielle; seulement ici il faut avoir égard à la dimension de la partie extrême du balancier qui vient s'y loger.

Le corps des bielles en fonte est évidé sur quatre faces et terminé par des moulures formant le contour de la courbe parabolique des quatre nervures. Au lieu d'être, comme le corps des bielles, en fer plein et à section cylindrique ou rectangulaire, il est à section en forme de croix et circulaire auprès des cordons.

Il est admis en principe, d'après Watt, que la surface de la section transversale faite au milieu du corps de la bielle en fonte est le 1/28 de celle du cylindre à vapeur, et celle des extrémités, à l'origine de la courbe, en est le 1/35.

Les proportions de toutes les autres parties des bielles en fonte sont les mêmes que pour celles en fer et se déduisent du bouton de la manivelle, que l'on suppose toujours en fer.

DESCRIPTION DE PLUSIEURS BIELLES EN FER FORGÉ, EN FONTE ET EN BOIS.

PLANCHE XLVI.

Bielle motrice à fourche, en fer forgé. — La figure 1 représente une grande bielle motrice à fourche d'une machine à vapeur à cylindre horizontal, de la force de 25 chevaux, par M. *E. Bourdon*[1]. Le volant de cette machine a été donné précédemment, pl. XLIII, fig. 21 et 22.

La figure 2 en est le plan horizontal. Sur cette bielle vient s'assembler en un point *a* de sa longueur, dans la fourche F, un petit arbre servant de tourillon à une petite bielle en fer pour la transmission du mouvement aux pompes.

La longueur de cette bielle, d'axe en axe, est de cinq fois le rayon de la manivelle.

On voit par ces différentes vues que le corps et les têtes sont forgés d'une seule pièce et sont à chape et coussinets rapportés.

La tête A, figure 1, se reliant au bouton de la manivelle, est vue en coupe, par un plan vertical passant par les clavettes à taraudage *e f*, le support de serrage *b*, le godet à l'huile *c* et la chape *d*.

Les deux têtes B, B′ de la fourche F viennent s'assembler à articulation sur l'arbre des coulisseaux recevant la tête de la tige du piston à vapeur. L'une des deux branches B est supposée coupée par un plan horizontal, afin de montrer les coussinets à joues *g* enveloppés par la bride *d′* et le passage dans la tête de la clavette à vis *e′* et contre-clavette à talons *f′* servant au serrage des coussinets. Le jeu que l'on aperçoit dans la section verticale de la tête A, fig. 1, et dans celle horizontale B, fig. 2, autour des clavettes et contre-clavettes, à droite dans la tête et à gauche dans la chape, ou *vice versa*, est celui qui est nécessaire pour opérer le serrage des coussinets. Lorsqu'on rappelle la clavette à taraudage, en tournant l'écrou *h*, l'on oblige la chape à marcher dans un sens et la tête dans l'autre, ce qui produit le rapprochement des coussinets sans varier l'axe et la longueur de la bielle.

Les figures 3 et 4 sont l'élévation et le plan de la chape ou bride *d* en fer méplat,

[1] Cette belle machine à haute pression, détente variable et condensation, a été publiée dans tous ses détails dans l'*Atlas universel des machines*, 2e vol., par J. Petitcolin et L. Chaumont.

renforcée, au passage des clavettes, de la grosse tête A de la bielle assemblée à articulation au bouton de la manivelle.

Les figures 5 et 6 sont les vues en coupe et en profil des coussinets de la même tête. Dans le profil, on aperçoit deux petites rigoles pratiquées dans l'intérieur pour répandre l'huile arrivant du godet graisseur dans la longueur du tourillon à lubrifier.

La figure 7 est une section faite en 1-2 par une des branches de la fourche.

La figure 8 est une section à l'extrémité du corps C de la bielle, comme l'indique le ponctué en *x-x*.

Celle 9 est une autre section en 3-4 au milieu du corps cylindrique, partie plus forte pour résister à la flexion.

La figure 10 est une coupe, sur une échelle double de la douille en cuivre *b* ou support de serrage des clavettes, des petites et grosses têtes.

Enfin la figure 11, aussi sur plus grande échelle, est la vue en coupe d'un des godets graisseurs *c* en bronze et fermé, vissé sur la chape, amenant l'huile sur la surface des tourillons par un conduit dans lequel on place une mèche de coton.

Petite bielle en fer forgé, pour transmission. — Les figures 12 et 13 représentent en élévation et en plan une petite bielle en fer faisant partie de la même machine que la bielle motrice précédente, servant à la transmission du mouvement aux pompes et se fixant en *a* à un petit arbre qui se place entre la fourche F de la grande bielle, fig. 2.

L'une des extrémités A de cette bielle, côté de l'attache de la grande bielle à la barre de la tête de la tige du piston, est assemblée sur le petit arbre à chapes, coussinets à joues, clavettes et contre-clavettes à taraudages, tandis que l'autre extrémité B est forgée complétement avec le corps. Les coussinets rapportés sont sans joues; seulement il existe une vis *g* traversant la tête et servant à rapprocher les coussinets, afin de parer à l'usure et conserver la longueur de la bielle de centre en centre.

Bielle de parallélogramme. — Les figures 14 et 15 donnent en élévation et en plan une petite bielle en fer d'une seule pièce, du parallélogramme de la machine à vapeur de Watt, servant à relier les guides entre eux à la tête A, forgée complétement avec la tige C.

Les pièces sur lesquelles on les monte étant à l'extérieur, les coussinets y sont ajustés sans rebords extérieurs et ne dépassent pas la tête de la bielle; ils sont retenus et serrés par une simple clavette *a* qui s'engage dans une légère entaille pratiquée dans le coussinet intérieur *b*.

Bielle motrice plate en fer forgé, pour locomotive. — La bielle motrice représentée par les figures 16 et 17 en section verticale et horizontale est celle d'une machine locomotive de M. *Polonceau.*

Dans cette bielle plate, à section rectangulaire, la bride A en fer forgé qui enveloppe les coussinets B du tourillon de l'arbre coudé moteur, dont le diamètre est très-grand, est fixée invariablement à la bielle par un boulon à double écrou *b* traversant deux clavettes *a a*, en queue d'hironde, afin de les empêcher de s'échapper. On voit que le constructeur a pris toutes les précautions nécessaires pour que la bride ne puisse se détacher de la bielle et qu'il a réuni ces deux pièces comme si elles ne formaient qu'un seul corps. Les coussinets en bronze B, en deux parties et à joues latérales, sont serrés dans cette chape par un coin *c* dont un côté incliné glisse sur un côté également incliné du coussinet intérieur B, pour opérer leur rapprochement au moyen de la vis de rappel *d*, que l'on maintient au point voulu par une goupille retenant la tête. Des constructeurs se bornent à une clavette et une contre-clavette serrées dans leur longueur par trois vis traversant la face latérale de la tête. Une petite clavette placée extérieurement les empêche de prendre du jeu.

Les coussinets, dans les bielles motrices, sont aussi parfois sphériques, pour permettre le mouvement dans tous les sens, à cause des torsions qui se produisent dans cet assemblage.

Il existe sur la chape de la bielle un petit réservoir *e*, contenant de l'huile servant au graissage des coussinets par l'intermédiaire d'une mèche passant dans un petit conduit. Un ressort intérieur presse une plaque qui ferme ce réservoir.

L'autre extrémité D de cette bielle est à fourche, pour recevoir le tourillon de la douille assemblant la tige du piston à la bielle.

Ces bielles plates, de rondes qu'elles étaient primitivement, sont généralement en fer poli.

Petite bielle plate d'accouplement à tête fermée. — Les figures 18 et 19 représentent une petite bielle en fer forgé d'accouplement de roues, de la même machine locomotive que la précédente ; seulement la tête est fermée et forgée avec le corps. Il n'existe donc pas de bride comme dans la précédente.

Nous mentionnerons de certaines bielles à têtes fermées, pour locomotives, qui, par un évidement pratiqué dans la tête, permettent d'introduire des coussinets à joues. Pour cela, il suffit que cet évidement ait la dimension des joues, pour se rétrécir ensuite et prendre la dimension des coussinets dans la place qu'ils doivent occuper. Le clavetage passe alors dans cet évidement.

Grande bielle de connexion en fer, pour locomotive. — Cette bielle d'accouplement des trois paires de roues d'une machine locomotive à marchandises, est de M. *Flachat*, et fonctionne sur le chemin de fer de Saint-Germain[1] (Voir les figures 20 et 21, représentant l'élévation des trois têtes et le plan par-dessus dont une tête est coupée).

[1] Voir *Recueil des machines* par Le Blanc, continué par L. Chaumont, où cette machine est publiée dans tous ses détails, 5e partie, 4e livraison.

Lorsque l'adhérence résultant du frottement dû au poids total des roues motrices et de la charge qu'elles supportent n'est pas suffisante pour empêcher les roues de tourner sur place ou de *patiner*, on accouple avec les roues motrices les roues d'avant ou celles d'arrière, ou, comme ici, les unes et les autres.

Les roues accouplées doivent avoir un diamètre égal à celui des roues motrices. Ces roues portent au moyeu un renflement qui reçoit un bouton de manivelle à égale distance du centre de l'essieu sur chaque roue; ces boutons reçoivent chacun une des têtes A, B, C de la barre d'accouplement D, D'. Il existe en E un point mobile pour parer aux oscillations qui peuvent survenir.

Cette barre plate est polie dans toutes ses parties et est à section rectangulaire, le plus large côté dans le sens vertical et le plus étroit légèrement courbe.

Le coussinet portant sur la clavette possède une partie *a* venue de fonte, recevant le boulon passant dans une coulisse pratiquée dans la clavette *b* ainsi que des trous pour des goupilles, afin d'éviter son desserrage et sa chute. D'autres constructeurs ménagent sur la tête une partie, telle que l'indique le ponctué *c* sur la tête A, pour recevoir le passage du boulon destiné à retenir la clavette.

La position des clavettes dans ces sortes de bielles est telle, que, malgré l'usure des coussinets, la longueur de la bielle, de centre en centre, est toujours la même; c'est-à-dire que d'un côté les coussinets se trouvent entre la barre et le clavetage, et de l'autre c'est le clavetage qui se trouve entre les coussinets et la barre.

Tête de bielle verticale en fer à coussinets sphériques. — Cette tête de bielle, représentée par les figures 22 et 23, est de M. *Farcot*. Les coussinets sont sphériques extérieurement et enveloppés par une chape concave intérieurement et convexe extérieurement. Le clavetage s'effectue avec deux contre-clavettes *b* à double talon *c* et une clavette à vis *d*. Les deux côtés de la clavette qui portent sur les contre-clavettes sont également inclinés et ceux extérieurs des contre-clavettes sont perpendiculaires à l'axe de la bielle. La verge C est à section cylindrique.

Autre tête de bielle en fer (cas particulier). — Les figures 24 et 25 représentent une tête de bielle faisant marcher une pompe à plusieurs corps construite par M. *Gallardon*, pour un manége.

Cette bielle est terminée par une fourche articulée à la tige de prolongement de chaque tige de piston. Elle est très-simplifiée dans son ajustement : le dessin en explique assez toutes les parties.

Bielle motrice, en fer forgé, de machine pour bateau. — Ces sortes de bielles présentent une forme toute particulière. Leur partie inférieure, à embase, porte une traverse avec laquelle elle s'assemble par son milieu dans une douille avec forte clavette qui, avec le corps, ressemble à un T renversé. Cette traverse est recourbée, et les deux branches forment têtes à chapes et coussinets rapportés qui viennent embrasser les tourillons des balanciers placés de chaque côté de la machine.

Le corps de ces bielles est cylindrique et la tête destinée à recevoir le maneton de la manivelle motrice est à chape, coussinets et clavettes.

Il existe encore dans ces machines des bielles nommées *bielles pendantes*. Ce sont celles qui, assemblées à chape à l'autre extrémité des balanciers, lesquels, comme on le sait, sont placés au bas et de chaque côté de la machine, reçoivent leur mouvement de la tige du piston pour le transmettre aux balanciers. Elles sont situées de chaque côté du cylindre à vapeur, et vont s'assembler, dans leur partie supérieure, à chaque extrémité d'une barre de même longueur que celle de la bielle motrice, après laquelle se fixe la tige du piston.

Elles reçoivent, dans leur longueur, un tourillon pour l'attache des petites bielles du parallélogramme.

PLANCHE XLVII.

Bielle motrice à fourche, en fonte. — Cette bielle, représentée par les figures 1 à 7, est la principale d'une machine de Watt, de la force de 20 chevaux, dont la manivelle et son bouton ont été donnés précédemment, pl. XLV, fig. 3 à 6.

La longueur de cette bielle en fonte, qui est fondue d'une seule et même pièce jusqu'à la fourche, est de 5 fois le rayon de la manivelle.

Les figures 1 et 2 donnent les vues de face et de profil de la bielle verticale. Le bout du balancier D est indiqué en lignes ponctuées, pour montrer comment elle s'y trouve assemblée. L'une des branches de la fourche, celle F, ne possède ni chape ni coussinets, afin de montrer où se termine la partie de la fourche qui se trouve fondue avec le corps C jusqu'à la tête inférieure A, qui s'assemble avec le bouton de la manivelle *b*, figuré en ponctués, fig. 1.

La figure 3 est une section faite au milieu du corps afin de pouvoir rétablir les dimensions de cette bielle, qu'il a fallu briser dans sa longueur.

La figure 4 est une autre section du corps, faite à la naissance de la courbe parabolique, c'est-à-dire à partir des cordons *a* et *a'*. La figure précédente nous montre la forme en croix de la section et en ponctués le tracé du carré dont les angles servent de centre à l'évidement au milieu du corps de la bielle.

La partie inférieure E, au-dessous du cordon *a'* reliant la tête A au corps, est très-peu conique et a pour section un cercle. Il est inutile de dire que cette tête, fondue avec le corps, est fermée et renflée pour recevoir la longue clavette de serrage des coussinets.

La figure 5 est la vue de face et de profil de la chape en fer s'appliquant sur la partie dressée à cet effet sur la fourche de la bielle.

La figure 6 est l'élévation et le plan du coussinet en bronze renfermé dans la partie inférieure de la tête A. Il possède deux encoches venant se loger dans les parties saillantes ménagées à la fonte pour l'empêcher de glisser : sa forme polygonale l'empêche de tourner.

La figure 7 est le coussinet supérieur, ayant également des encoches pour l'empêcher de glisser. Ce coussinet est parfaitement dressé, dans sa partie supérieure, pour recevoir une pièce de fer *c* ayant une entaille dans laquelle passe le côté horizontal de la clavette de serrage *d*.

La partie F de la fourche est très-forte, afin de pouvoir résister aux chocs qui peuvent se produire.

Grande bielle motrice en fonte (la fourchette en fer forgé et le corps en fonte). — Cette bielle, représentée par les figures 8 à 19, est celle de la manivelle en fonte que nous avons donnée fig. 7 à 9, pl. XLV, faisant partie de la machine à vapeur du système de Woolf, de la force de 100 chevaux, construite par M. *Edwards*.

La construction de cette bielle a pour effet de parer aux efforts de torsion qui se produisent par suite de tassement ou de mauvaise pose, et permet au corps de tourner sur lui-même pendant la marche de la machine.

La figure 8 donne la vue de face de cette bielle de deux pièces. On a été obligé, sur le dessin, de faire des brisures dans la longueur, mais les côtes et les sections permettront d'en rétablir les dimensions exactes.

La figure 9 est une vue de profil montrant la fourche F s'assemblant avec le boulet B du balancier figuré en ponctués, dont une branche est dégarnie de sa chape en fer et de ses coussinets, comme dans la bielle précédente. La tête A ou partie inférieure fondue avec le corps, s'assemblant au bouton de la manivelle, est figurée coupée par un plan vertical passant par l'axe de la bielle, montrant la place que les coussinets occupent et le passage de la clavette.

La figure 10 est une section faite par l'axe. On aperçoit dans cette vue le gros boulon *b* et les clavettes et contre-clavette *c* de serrage, servant à fixer la tête à fourche F en fer forgé sur la partie en fonte du corps C de la bielle.

La figure 11 est une section horizontale au plus grand diamètre du corps de la bielle.

La figure 12 est une autre section du corps faite à l'origine de la courbe, au plus petit diamètre.

La figure 13 est la coupe horizontale faite à la hauteur du passage des clavettes du gros boulon *b*, donnant la forme des cannelures pratiquées entre la fourche et le corps.

La figure 14 est une dernière section faite dans la partie E qui prolonge le corps de la bielle, se raccordant à la grosse tête A, côté de la manivelle.

Les figures 15, 16 et 17 donnent les vues de derrière, en plan et de profil, des coussinets en bronze de la tête s'assemblant au bouton sphérique de la manivelle. Aussi leur intérieur, qui doit l'embrasser, comme il a été dit aux *Manivelles*, a la forme sphérique pour obvier, par cet assemblage à rotule, au gauche qui peut se produire, par l'effet du montage, par rapport au plan du mouvement.

Cet assemblage à rotule, d'une exécution difficile, tendant à l'affaiblissement du bouton, exige alors des proportions plus fortes.

Le coussinet supérieur *a* est retenu en place par une petite partie en saillie placée sur sa partie supérieure et passant derrière la clavette, qui elle-même glisse sur une autre partie dressée régnant dans toute la longueur du coussinet, mais moins haute que la précédente; il ne peut sortir qu'autant que la clavette est desserrée et enlevée.

Le coussinet inférieur se fixe par trois petites vis à une plaque *e*, figurée en coupe, fig. 9, et en ponctués où elle se trouve enlevée, fig. 8, dans les parties *f*, *f*, *f*, fig. 15.

Figures 18 et 19, détails de la chape se plaçant sur la fourche de la bielle. Vue de face et de profil.

La longueur de cette bielle, d'axe en axe, est égale à six fois le rayon de la manivelle.

Le prix de ces bielles étant très-élevé, on préfère employer les bielles d'un seul morceau et complétement en fonte.

Tête de bielle à fourche, en fonte. — Cette tête de bielle, représentée par les figures 20 et 21, est en fonte et à brides en fer enveloppant les coussinets et les branches de la bielle.

La coupe, figure 21, rend visibles les ajustements intérieurs. On voit comment la bride A est retenue sur la branche F par la clavette *a* et le bouton vissé *b*. On voit aussi la clavette *a'*, destinée à rapprocher les coquilles *c* et *d*; elle pénètre d'une certaine quantité dans le coussinet inférieur *d*, afin de l'empêcher de sortir, ce coussinet n'ayant une joue *e* que d'un côté.

La figure 22 est une coupe de la fourche F suivant la ligne 1-2. Cette partie doit présenter une grande résistance, pour éviter la rupture à l'origine du corps.

Grosse tête de bielle en fonte. — La figure 23 représente un mode de serrage des coussinets par une roue *a* et un ressort *b* s'engageant dans chaque dent de la roue.

La figure 24 en est une coupe verticale par l'axe, montrant la boîte filetée *c*, dans laquelle s'engage la partie taraudée de la roue pour le serrage des coussinets.

Tête de bielle en fonte sans fourche. — Cette tête de bielle, figurée par les figures 25 et 26, s'applique au tourillon extrême d'un balancier à deux flasques D. Le tourillon a est sphérique, pour permettre les oscillations qui peuvent arriver dans les pièces par défaut de parallélisme. Les coussinets de cette tête de bielle sont, par conséquent, sphériques intérieurement.

Tête de piston considérée comme tête de bielle. — Cette tête, fig. 27 et 28, sert à relier directement la tige d'un des pistons au bouton de la manivelle d'une machine oscillante à deux cylindres, où le balancier et la bielle se trouvent supprimés, du bateau à vapeur l'*Overstoltz*, de la force de 140 chevaux, construite par M. *Cavé*.

La moufle en fer A est ajustée sur la tige du piston B et fixée par une clef en fer a. La chape en fer C de la moufle, portant par côté des oreilles réservées à la forge pour recevoir des galets b roulant le long des guides dans le mouvement de va-et-vient du piston, enveloppe le bouton de la manivelle.

La figure 28 est un profil de la chape C et d'un galet b. On voit les passages des clavettes et contre-clavettes c, c', séparées pour laisser passer les guides de la tige du piston.

Tête de bielle en fer à enfourchement. — La figure 29 est une élévation d'une tête de bielle à enfourchement, à verge cylindrique, d'une machine à vapeur de M. *Saulnier aîné*.

Les coussinets de ces sortes de têtes se glissent par-dessus et se maintiennent en place par les joues latérales qu'ils possèdent; ils sont serrés par clavettes et contre-clavettes à talons maintenant l'écartement des branches.

La seconde tête de cette bielle est exactement semblable à la première. L'enfourchement se trouve tourné par en bas. Sa longueur d'axe en axe est de $2^{m},697$; la section au milieu, de 80^{mill}, et à l'origine, de 50^{mill}.

Tête d'une bielle en bois. — Les figures 30 et 31 représentent de face et de profil une tête de bielle en bois, fréquemment employée dans les scieries mécaniques et les machines d'épuisement.

Le corps A de cette bielle est en bois très-résistant, à section rectangulaire, plus fort au milieu qu'auprès de la tête.

La tête est formée d'une pièce de fer forgé B, embrassant, dans une assez grande longueur, la pièce de bois du corps de la bielle et s'y fixant solidement par trois boulons b.

Le serrage des coussinets s'effectue de la même manière que pour les autres bielles. Toutes ces têtes ne possèdent aucun appareil de graissage apparent; cependant il existe toujours des trous forés ou conduits à l'huile traversant la tête et les coussinets, qui ont des rainures intérieures pour la répartition de l'huile dans la longueur du tourillon à lubrifier.

Article III. — Balanciers.

Les balanciers sont des pièces principales de machines, qui, par l'intermédiaire de bielles et manivelles, servent à la transformation du mouvement rectiligne alternatif ou de va-et-vient du piston à vapeur en un mouvement de rotation continue de l'arbre moteur du volant.

La forme de cet organe de transformation consiste, dans le sens de sa longueur, en une parabole en dessus et en dessous se rapprochant de très-près de la courbe dite *d'égale résistance*, appliquée aux pièces soumises à des pressions latérales, telles que les arbres des roues hydrauliques, les bielles, etc. (Voir *Résistance des Matériaux*, p. 12.)

Ces pièces, ou grands leviers mobiles à deux bras égaux, sont supportées en leur milieu par un axe horizontal sur lequel elles oscillent, et dont leurs extrémités sont douées d'un mouvement circulaire alternatif, que leur communique la tige du piston par une de leurs extrémités pour la transmettre à la bielle placée à l'autre extrémité, ou recevant d'un bout l'action de la puissance pour la transmettre de l'autre à la résistance.

Les extrémités de chaque bras d'un balancier en fonte ne doivent pas dépasser en vitesse, au maximum, $1^m,30$ en une seconde, pour toute sécurité, la vitesse du piston étant réglée sur cette donnée pour les plus fortes machines et à $0^m,90$ pour les plus petites.

Les principales données employées pour déterminer les dimensions d'un balancier en fonte d'une machine à vapeur dite à basse pression, c'est-à-dire marchant à pleine vapeur pendant toute la course du piston, reposent sur la pression totale de la vapeur sur la surface du piston et sur la longueur du bras de levier du balancier, comprise entre le centre de mouvement et le point où s'applique la force.

Les autres dimensions se déduisent des premières.

Nous empruntons à *Tredgold* (*Traité des Machines à vapeur*) les indications suivantes relatives au balancier :

« La distance horizontale entre la ligne verticale passant par l'axe du cylindre à vapeur et celle passant par l'axe de la manivelle montée sur l'arbre moteur, doit être égale à trois fois la course du piston.

« La longueur du balancier entre les centres des axes extrêmes de chaque bras est égale à 3,0825 fois la longueur de la course du piston et la longueur de la bielle, ou 6 fois le diamètre du cylindre à vapeur, dans les machines à basse pression, la longueur du balancier étant un peu plus grande que celle qui sépare le cylindre à vapeur de l'axe de la manivelle.

« La hauteur totale au milieu du corps du balancier, ou centre de mouvement, est égale au diamètre du cylindre à vapeur multiplié par $0^{m},86$, lorsque ce balancier est en fonte, et l'épaisseur du corps de 1/12 à 1/16 de cette hauteur dans toute sa longueur, qui ne peut être moindre pour toute pièce coulée en fonte.

« Pour le fer forgé, on prendrait 0,83 et l'épaisseur 1/16 de la hauteur.

« Pour le bois, on prendrait également 0,83, mais l'épaisseur serait le 1/4 de la hauteur au milieu.

« L'épaisseur sur les bords du corps égale le 1/9 de la hauteur.

« La hauteur aux extrémités varie entre la 1/2 et le 1/3 de celle au milieu. Cette partie arrondie forme le moyeu des axes extrêmes. »

Donc, d'après ce qui vient d'être dit, un cylindre à vapeur qui aurait 80 centimètres de diamètre, la hauteur milieu du balancier en fonte serait $= 80 \times 0,86 = 68^{ctres},8$; l'épaisseur du corps $= \frac{68,8}{16} = 4^{ctres},3$; la hauteur aux extrémités $= \frac{68,8}{3} = 22^{ctres},9$; l'épaisseur sur les bords du corps $= \frac{68,8}{9}$ $= 7^{m},6$.

Les nervures destinées à augmenter la force de résistance à la rupture transversale du corps du balancier ont pour épaisseur celle du corps et sont raccordées par une moulure qui en augmente la force, et leur largeur sur le contour extérieur de la courbe est le 1/6 de la hauteur au milieu, ou mieux la saillie de chaque côté du corps des 2/3 à une fois l'épaisseur du corps.

La nervure située au milieu et régnant de chaque côté du balancier est destinée à compenser l'affaiblissement produit par les trous destinés au passage des différents axes placés sur la longueur du balancier ; elle vient se raccorder au corps et aux moyeux par des moulures de diverses formes.

Les bras du balancier étant presque toujours égaux, il s'ensuit que la course du piston est exactement le double de la longueur du rayon de la manivelle. Ces bras possèdent, à la moitié de leur longueur, des axes servant à faire mouvoir les pompes à air et d'alimentation.

Le diamètre du cylindre à vapeur, dans les machines à basse pression, est ordinairement entre la 1/2 et le 1/3 de la course du piston ; la hauteur intérieure est égale au double du rayon de la manivelle plus l'épaisseur du piston, et les sections des conduits de la vapeur sont au moins le 1/25 de la section intérieure du cylindre.

Du diamètre de l'arbre du balancier et de ses tourillons. — Le diamètre milieu de l'arbre en fer forgé du balancier, qui est celui intérieur du moyeu, se calcule selon la formule applicable aux corps reposant sur deux appuis et chargés en leur milieu ; ce qui se réduit à multiplier la pression effective de la vapeur, qui est de 1 kil. 29 par centimètre carré, — la vapeur étant produite au-dessus de 100 degrés centigrades, comme pour les machines à basse pression, c'est-à-dire que la pression dans la chaudière est de $1^{atm.}$ 25, — par la surface du piston, afin de connaître la charge totale de la vapeur sur la surface du piston; et à diviser le produit par 0,138 lorsque cet axe est en fer forgé, enfin à en extraire la racine cubique, qui sera le diamètre au milieu de l'arbre.

Le diamètre des tourillons de cet arbre, reposant dans les coussinets des supports placés de chaque côté du balancier, est les 3/4 de celui au milieu.

Il est à remaquer que cet arbre est ordinairement conique depuis l'extrémité du moyeu, de chaque côté du balancier, jusqu'aux tourillons, où son diamètre se trouve réduit aux 4/5 de celui du milieu de l'arbre.

La longueur totale des tourillons est égale de 1 fois à 1 fois 1/2 son diamètre.

La distance d'axe en axe de ces tourillons est égale à peu près à 1 fois 1/2 la hauteur totale du milieu du balancier.

Du moyeu entourant l'arbre. — La longueur du moyeu du balancier pour l'assujettissement de son arbre et le passage des clavettes est égale à la 1/2 de la hauteur de la section au milieu du balancier, et quelquefois 2 fois le diamètre des tourillons de l'arbre.

L'épaisseur, inclinée vers les bords pour la dépouille et terminée par une moulure, est égale au 1/10 de la hauteur du balancier ou à la 1/2 du diamètre des tourillons de l'arbre. Cette épaisseur doit être assez forte pour résister à la charge que cette partie doit éprouver et au calage qui fixe invariablement le balancier sur son arbre.

Cette épaisseur se raccorde en outre, comme les nervures, avec le balancier par une moulure qui en augmente la force.

Du diamètre des tourillons des axes extrêmes du balancier. — Le diamètre étant le même pour ces axes, comme ayant à transmettre les mêmes efforts, nous considérerons, seulement pour les dimensions, celui auquel se suspend la bielle.

Ce tourillon a ordinairement pour diamètre les 3/4 de celui du bouton de la manivelle, ce qui correspondrait au 1/8 du diamètre du cylindre à vapeur, en admettant que le bouton en soit le 1/6. On pourrait ne lui en donner que la 1/2, comme n'ayant à supporter que la 1/2 de l'effort exercé sur le bouton de la manivelle, comme il a été dit aux *Bielles*. Quant au milieu de l'axe, on le fait égal au bouton en diamètre. On fait la longueur de ces tourillons égale à leur diamètre fort.

Le moyeu de ces axes extrêmes terminant le balancier a un diamètre variable entre la 1/2 et le 1/3 de la hauteur au milieu du balancier.

La longueur des saillies de ces moyeux, de chaque côté de la nervure, formant le contour du balancier, est égale au 1/3 de cette nervure.

L'autre axe extrême est celui auquel sont suspendus les premiers liens du parallélogramme articulé poussant alternativement la tête du balancier.

Ces liens, de forme rectangulaire, après lesquels se trouve suspendue la tige du piston et servant à le maintenir dans une direction rectiligne et verticale, ont pour longueur le 1/4 de la longueur du balancier d'axe en axe, et pour largeur, en moyenne, 3 fois leur épaisseur.

La longueur des moyeux des axes intermédiaires varie de 1 fois 1/2 à 2 fois leur diamètre.

Le calage de ces différents axes se fait, pour celui du milieu, à deux et quatre clavettes : l'arbre se trouve un peu déprimé pour les y recevoir. Pour ceux extrêmes et intermédiaires, on ne place guère qu'une seule clavette pour les fixer sur leur moyeu.

Les balanciers sont de deux sortes :

Les balanciers simples et les balanciers doubles.

Les balanciers simples, ou à une seule flasque en fonte, sont le plus généralement employés pour les machines dont la force est au-dessous de 100 chevaux, et même les seuls employés aujourd'hui, n'étant pas susceptibles de fléchir comme ceux en fer.

Ces balanciers sont à têtes plates ou sphériques.

Ceux à têtes plates se composent, comme nous l'avons vu précédemment, d'une longue flasque de forme parabolique en dessus et en dessous, renforcée de nervures de formes diverses, percées de trous entourés de renflements se raccordant avec la nervure horizontale placée au milieu, et de chaque côté se terminant à chaque extrémité par une partie arrondie, forte et plate nommée *tête*, servant de moyeux aux axes des tourillons extrêmes.

Ceux à têtes sphériques diffèrent des précédents en ce que leurs extrémités sont tournées cylindriques pour former axe et recevoir d'une part, à ajustement libre, le boulet à tourillons recevant les coussinets de la fourche de la tête de la bielle motrice, et de l'autre un axe semblable, auquel sont suspendus les premiers liens à coussinets du parallélogramme.

La construction de ces têtes (voir *Manivelles et Bielles*) a pour effet de parer aux efforts de torsion produits par le gauche de l'arbre, qui ne se fait pas seulement sentir sur le bouton de la manivelle, la fourchette de la bielle, mais aussi sur les tourillons du balancier; on a pour but d'éviter la rupture, en permettant à l'axe des tourillons de tourner pendant la marche de la machine et de maintenir le tout dans un même plan vertical de mouvement.

Les balanciers doubles, ou à deux flasques semblables et parallèles, en fonte, calées sur le même arbre et reliées entre elles par des entretoises, ayant les faces extérieures nervées et semblables à ceux à une seule flasque, mais ayant les faces intérieures complétement unies, s'emploient pour les machines de grandes forces, non pas qu'ils soient préférables aux premiers, mais par suite de la difficulté qu'il y a de fondre des pièces aussi fortes.

Ils sont calculés, pour chacune des flasques, pour une charge égale à la 1/2 de la pression totale exercée sur le piston.

Les bielles qui se suspendent à ces balanciers sont à deux têtes; les tourillons des axes se trouvent à l'intérieur au lieu d'être en dehors.

Il arrive que ces sortes de balanciers, appliqués à de fortes machines à vapeur à simple effet, pour l'élévation des eaux, n'ont ni bielle ni volant; que les bras sont inégaux : celui du côté du cylindre à vapeur plus long que celui du côté de la maîtresse-tige des pompes; la vitesse qu'il communique à ces tiges est donc inégale, par la différence de ses rayons de chaque côté de l'axe d'oscillation, mais tout l'appareil des pompes équilibre la différence de la longueur des bras.

Balanciers en fer pour bateaux. — Les balanciers pour bateaux diffèrent des balanciers ordinaires en ce qu'ils ont leurs têtes en fourchettes, entre lesquelles s'assemblent aux tourillons les têtes des bielles : d'un côté celle dite *pendante*, recevant son mouvement de la tige du piston pour le transmettre au balancier, et de l'autre celle motrice en forme de T renversé, transmettant le mouvement du balancier à la manivelle de l'arbre moteur.

Ces balanciers sont placés au bas et de chaque côté de la machine, sur la plaque de fondation; ils sont mobiles sur leur axe fixe et garnis dans leur intérieur de coussinets dont on règle la pression sur cet axe par des clavettes.

S'ils étaient, comme les premiers, fixés sur un seul et même axe, ils oscilleraient ensemble et ne pourraient se prêter aux efforts de flexion qui ont lieu, ce qui ferait casser les bielles.

Comme l'on supprime assez souvent les nervures dans ces balanciers, on fait alors l'épaisseur du panneau égale au 1/6 de la hauteur milieu.

Le parallélogramme de ces machines est du système de Watt.

Balanciers en bois. — Ces balanciers, qui ne s'emploient guère que dans les scieries, pour de grandes vitesses, ne présentent pas toujours la forme parabolique sur leur contour extérieur, et sont parfois composés de deux flasques en bois garnies de fer et reliées par des boulons. Par leur élasticité, ils ne peuvent transmettre de grands efforts sans se briser. Ils ont leurs extrémités attachées d'un côté à la bielle de la manivelle motrice et de l'autre communiquent, par l'intermédiaire de petites bielles, le mouvement au châssis du porte-scies.

DESCRIPTION DE PLUSIEURS MODÈLES DE BALANCIERS EN FONTE, EN FER, EN BOIS, ET DE DIVERS MODES D'ASSEMBLAGES DE TÊTES A AXES MOBILES.

PLANCHE XLVIII.

Balancier en fonte à une seule flasque, à têtes plates. — Ce balancier, représenté par les figures 1 à 5, est celui de la machine de Watt, à basse pression, de la force de 20 chevaux, dont nous avons déjà donné les divers organes principaux.

Dans cette machine, le diamètre intérieur du cylindre à vapeur est de 620 millimètres; la longueur du balancier entre les axes extrêmes est de 3^{m},728, ou 6 fois le diamètre du cylindre.

Le rayon de la manivelle est de 610 millimètres, et la longueur de la bielle motrice d'axe en axe 5 fois ce rayon, c'est-à-dire 3^{m},050.

Le diamètre de la tige du piston est de 64 millimètres, à peu près le 1/10 du cylindre à vapeur.

Sa course est de 1^{m},220, ou 2 fois le rayon de la manivelle.

La longueur de la tige est de 1^{m},810, ou 3 trois fois le diamètre du cylindre à vapeur.

Le bouton de la manivelle, de 90 millimètres, presque le 1/6 du diamètre du cylindre à vapeur.

La figure 1 est la vue longitudinale de face de ce balancier;

La figure 2, le plan horizontal, ainsi que des tourillons de suspension des liens du parallélogramme. L'extrémité de droite, recevant à articulation la bielle, qui a été donnée planche XLVII, fig. 1 et 2, a été enlevée dans cette vue.

La figure 3 est une section transversale par l'axe montrant la nervure verticale placée à son moyeu central *c*, ainsi que la vue longitudinale de l'arbre en fer B, légèrement conique de chaque côté du moyeu du balancier et terminé par le tourillon *h*, *h'*, servant au balancier à opérer ses oscillations.

La figure 4 est une autre section passant par un des moyeux des pompes, suivant la ligne 1-2, fig. 1.

La figure 5 est une dernière section par le corps du balancier suivant la ligne 3-4, montrant la forme de la nervure *f* et des moulures des bords extérieurs dont il est renforcé, ainsi que celle de la forte nervure horizontale du milieu se raccordant autour de chaque moyeu.

La figure 6 représente une coupe faite au milieu de l'arbre central, à la partie déprimée qu'occupent les clavettes.

On voit que ce balancier est fondu d'une seule pièce avec les extrémités cylindriques *a* et *b*. Il est renflé au milieu pour former un large moyeu *c* de l'axe central devant offrir une grande résistance.

Ce moyeu, ainsi que ceux intermédiaires des pompes, se raccorde avec le corps A par une moulure ou un congé, qui en augmente la force. L'extrémité cylindrique à renflement *a* est celle qui suspend les premiers liens du parallélogramme recevant la tige du piston à vapeur; celle *b* suspend la bielle motrice; l'axe intermédiaire *d*, placé au milieu du bras du balancier, est celui qui suspend les deuxièmes liens du parallélogramme qui fait mouvoir le piston de la pompe à air, dont la course est 1/2 de celle du piston à vapeur et le diamètre les 2/3. La tige est liée à articulation au milieu de ce deuxième lien.

L'axe *e* sert aux pompes aspirantes et d'alimentation;

Celle à eau froide, dont la course est 1/2 de celle du piston moteur, doit avoir une capacité égale au 1/20 de celui du cylindre à vapeur;

Celle d'alimentation à la chaudière doit avoir une capacité égale au 1/225 au moins du cylindre à vapeur.

— *f*, nervure régnant sur tout le contour extérieur du balancier et se raccordant au corps comme le moyeu, par un fort congé.

— *g*, nervure au milieu qui se raccorde avec les divers moyeux des pompes et le corps du balancier.

La hauteur aux extrémités de ce balancier est à peu près le 1/3 de celle du milieu.

L'épaisseur du corps ou panneau est à peu près égale au 1/18 de sa hauteur au milieu, qui est de 492 millimètres.

La largeur de la nervure *f* est presque égale au 1/6 de la hauteur totale.

Le diamètre des tourillons *h* de l'axe central, fig. 3, n'est que les 2/3 de celui du milieu.

Du reste, d'après les cotes, l'on pourra se rendre compte du rapport des diverses parties entre elles.

Quant au tracé pratique de la courbe extérieure du balancier, qui est aussi celle de la bielle, il consiste tout simplement à décrire du centre du moyeu *c* avec le rayon moitié de la hauteur totale milieu une circonférence; à mener une horizontale par le point *a*, extrémité du balancier, qui rencontrera la circonférence décrite au point 0; à diviser la distance de l'axe extrême *a* à celui central *c* en cinq parties égales; à élever par les points obtenus des perpendiculaires qui rencontreront les lignes horizontales menées par ceux de la division en cinq parties faite sur la circonférence : celle élevée en 1′ rencontrant celle menée en 1, celle 2′ rencontrant celle 2, et ainsi de suite, donneront autant de points de la courbe. Répéter l'opération en dessous et de l'autre côté.

Balancier simple à têtes sphériques mobiles. — Les figures 7 à 16 donnent le balancier en fonte de la machine à vapeur à basse pression, de la force de 40 chevaux, construite par MM. *Rothwell* et *Hick*, établie à la gare de Saint-

Ouen, faisant marcher une grande roue hydraulique dont l'arbre a été dessiné ainsi que son palier. (Pl. IV et XVIII, 1re partie, fig. 1.)

Les dimensions, dans cette machine, sont celles-ci :

Diamètre intérieur du cylindre à vapeur, 0,856 ;

Longueur totale du balancier, 5m,488, du centre de suspension des liens du parallélogramme à celui de la bielle ;

Le rayon de la manivelle, d'axe en axe, 0,923 ;

La longueur de la bielle, 5m,319 ;

Le diamètre de la tige du piston est de 0,91 ;

La course du piston, 1m,846 ;

La hauteur milieu du balancier, 0,815 ;

Celle aux extrémités, de 0,270 égal au 1/3 de la hauteur milieu ;

L'épaisseur du corps, de 0,45 égal au 1/18 du milieu,

La figure 7 montre en vue longitudinale le côté où se suspendent les liens du parallélogramme, la tige du piston, la tige de la pompe à air et celle de la pompe aspirante et foulante aux chaudières, ainsi que les moulures *i*, *i'*, qui n'existent pas dans le balancier de Watt, fig. 1. On voit aussi l'extrémité *a* à tourillons mobiles, représentée par une section parallèle au plan vertical de projection d'une des têtes sphériques du balancier.

Le manchon mobile *a* forgé avec les deux tourillons s'ajuste libre sur la partie cylindrique *k* du balancier, et on le retient en place au moyen d'une calotte sphérique en fonte *l* s'engageant dans l'extrémité du tourillon *k* du balancier et un boulon carré *m* avec clavette *n* complétement engagé dans la calotte et l'extrémité du balancier.

La figure 8 est le plan horizontal jusqu'au moyeu central.

La figure 9 est une coupe par l'axe central suivant la ligne 1-2, montrant en profil-coupe la nervure des bords extérieurs *f*, la moulure circulaire *i'* régnant autour de son moyeu central ainsi que celle *i* placée intérieurement à son contour extérieur, et en vue longitudinale l'arbre central en fer B du balancier, de forme hexagonale à son milieu et conique de chaque côté, se terminant par les tourillons *h h'* se plaçant dans les coussinets des supports fixés sur l'entablement du bâti de la machine.

La figure 10 est une section verticale par le moyeu de l'axe en fer de la pompe à air suivant la ligne 3-4, entouré également d'une moulure circulaire *i'*.

La figure 11 est une autre section, par le moyeu *e*, de la pompe aspirante et foulante, suivant la ligne 5-6. Ces moyeux sont carrés, et les axes en fer s'y fixent par quatre clavettes, comme le montre le dessin. Le ponctué indiqué dans cette figure donne la forme de la nervure milieu et de la moulure arrondie et son raccord par un chanfrein au corps du balancier.

La figure 12 donne une vue de face et de profil du boulet en fer a ou manchon mobile à tourillons.

La figure 13, détails du profil-coupe et de bout de la calotte en fonte l terminant l'extrémité du balancier.

La figure 14 représente en une vue longitudinale et par le bout le boulon carré m retenant la calotte et par suite le manchon mobile a à tourillons.

Enfin la figure 15 est une rondelle en fer o vue de face et de côté, servant à cacher l'assemblage de l'arbre central B dans son moyeu. (Voir la coupe fig. 9, où ces rondelles sont placées sur l'arbre de chaque côté du moyeu.)

La figure 16 est une vue par le bout de l'extrémité de l'arbre central B.

Balancier à deux flasques. — La figure 17 de cette planche représente en élévation une extrémité d'un balancier en fonte à deux flasques, dont les têtes sont plates.

Ce balancier est celui d'une des machines à vapeur hydrauliques à simple effet destinées à élever les eaux de la Seine dans les bassins de Chaillot[1], construite par M. *Schneider*, du Creuzot.

La figure 18 est un profil qui, par la section verticale suivant l'axe d'une des flasques, montre que ces balanciers sont fortement nervés extérieurement, ce qui permet, par la résistance qu'elles procurent, de faire le corps beaucoup moins épais que pour les balanciers ordinaires. On voit aussi l'écartement qui existe entre les deux flasques A et A'.

L'arbre central B, calé sur chacune des flasques, se trouve également représenté, ainsi que les boulons entretoises i, i' qui réunissent les deux flasques. Ces boulons à deux écrous sont carrés intérieurement et taraudés à leurs extrémités sur un diamètre plus petit que le corps, ce qui permet à un écrou s'échappant, d'éviter la chute de l'entretoise. Le dessin représente ceux qui se trouvent placés près du moyeu de l'axe central c, ainsi que ceux i, i' placés près des extrémités.

Dans ces sortes de balanciers, les tourillons extrêmes, se trouvant placés entre les deux flasques, sont recouverts extérieurement par une rondelle fixée par une vis retenant une frête en fer k entourant le moyeu extrême a. Dans celui-ci on aperçoit les coussinets en bronze recevant le tourillon : la rondelle se trouve donc supprimée.

La longueur de ce balancier côté du cylindre à vapeur est de. . . . . 4^{m},696 }
Celle du côté des grosses pompes est de 4^{m},594 } longueur totale : 9^{m},290

Il y a de ces balanciers dont le tourillon extrême de la suspension de la bielle est sphérique à son milieu, afin de permettre les oscillations qui peuvent arriver,

[1] Cette machine a été publiée, dans tous ses détails, dans le Ier vol. de l'*Atlas universel des machines*.

par défaut de parallélisme, dans toutes les pièces du mouvement. (Voir *Bielle*, pl. XLVII, fig. 25 et 26.)

PLANCHE XLIX.

Balancier en fer pour bateau. — Le balancier représenté par les figures 1 à 3 est celui d'une des deux machines à vapeur du bateau le *Sphinx*, de la force de 40 chevaux-vapeur.

La figure 1 est une élévation de face d'une des extrémités *a* ;

La figure 2 en est le plan horizontal, montrant la fourche *a* de l'assemblage de la bielle motrice à la manivelle ;

La figure 3 est une section par la ligne 1-2 du balancier A.

Autre assemblage à axe mobile. — Cette extrémité du balancier en fonte de la machine à vapeur de la force de 100 chevaux, système de Woolf, à un seul cylindre, construite par M. *Edwards*, dont la bielle et la manivelle ont été données, se trouve représentée en détail par les figures 4 à 9 ; elle a son manchon *a* retenu au tourillon du balancier par un fort boulon *m* en fer forgé, à tête sphérique et à clavette *n* glissant entre les contre-clavettes *n'* à talons, servant à rapprocher le boulet le long du balancier.

La figure 4 est donc une vue extérieure de face de l'une des extrémités de ce balancier et de l'assemblage à boulet.

La figure 5 en est le plan horizontal moitié extérieur, moitié coupe, laissant voir le passage du boulon *m* dans le tourillon *k* du balancier, ainsi que celui des clavettes *n*, *n'*.

La figure 6 est une coupe verticale par le milieu du balancier. Cette coupe montre la moulure circulaire *i'* qui règne autour du moyeu et la forme de la nervure *f* du contour extérieur du balancier.

La figure 7 est une section par le corps du balancier montrant la nervure *g* placée au milieu du balancier, et servant à le consolider.

La figure 8 est une dernière section verticale faite suivant 1-2 à l'extrémité du balancier et du boulon par le passage des clavettes *n n'*.

La figure 9 est le détail du boulon de tête du balancier.

Assemblage par une bague et une goupille. — Les figures 10 et 11 représentent en élévation-coupe et en plan un assemblage très-simple du manchon mobile *a*, maintenu en place par une simple bague *l* et une goupille en fer *n* qui le traverse ainsi que le bout tourné du balancier.

La figure 12 est une section du corps du balancier montrant au milieu en ponctués la forte nervure plate *g* à moulures se raccordant avec le panneau du balancier.

La figure 13 est un détail de la bague *l* de face et de profil.

Assemblage dit à baïonnette. — Cet assemblage, représenté par les figures 14 à 17, se comprend à la seule inspection du dessin.

Balancier en bois, assemblage à écrou de serrage. — Ces figures 18 et 19 montrent l'extrémité d'un balancier complétement en bois, se terminant par une partie tournée conique *k* recevant le boulet *a* à tourillons en fer et maintenu en place par une rondelle *l* et un boulon *m* à écrou retenu par une clavette dans le corps du balancier.

La figure 20 est le détail de la rondelle *l*.

La figure 21 est la vue longitudinale et en profil du boulon *m*.

Il y a des balanciers où la rondelle se trouve retenue par une simple vis de serrage, au lieu du boulon.

Ce balancier est celui d'une scierie construite en grande partie en bois; le volant fait 130 révolutions par minute.

Article iv. — Batis et pièces diverses.

Ensembles de communications et transmissions de mouvements.

§ Ier. — *Bâtis.*

Les bâtis des machines à vapeur sont formés de pièces en bois, en fer ou en fonte, servant à relier et à maintenir en place toutes les pièces constitutives de la machine.

Les bâtis n'ayant aucune pièce spéciale, leurs formes varient suivant la disposition de la machine; aussi appartiennent-ils plutôt à la composition des machines qu'aux organes principaux que nous avons examinés précédemment.

On distingue deux sortes de bâtis :

Les bâtis pour machines fixes;

Les bâtis pour machines de navigation.

Bâtis pour machines fixes. — Les bâtis pour machines fixes se composent de certaines parties qui se rencontrent dans toutes les dispositions.

Pour les machines à balancier, ils varient suivant la force de la machine; ainsi Watt employait l'entablement toscan soutenu par six colonnes creuses supportant le balancier et ses supports et traversées par des boulons en fer se fixant à la plaque de fondation. Mais, pour de fortes machines, ce mode d'assemblage n'offrant pas assez de solidité dans la liaison de toutes ses parties, on a continué à se servir de colonnes, dont le nombre a été réduit, selon la force de la machine, à deux et à quatre; seulement l'entablement se prolonge jusque dans les murs latéraux afin de s'y trouver soutenu, et, pour les plus fortes machines, on a ajouté des poutres en fonte ou en bois se terminant dans les murs transversaux ; ou mieux encore, pour les très-fortes machines, afin d'arriver à neutraliser les efforts contraires qui ont lieu à chaque extrémité du balancier et qui tendent à le soulever, on élève un mur transversal en pierre de taille construit sur la plaque de fondation, recevant à sa partie supérieure, sur une semelle en fonte, les supports du balancier qui s'y trouvent fixés par de forts boulons de fondation traversant toute la hauteur dudit mur, la plaque de fondation, et se terminant par des écrous à clavette placés dans des niches pratiquées à une certaine profondeur dans la maçonnerie sur laquelle repose toute la machine. Ce mur vertical se trouve relié à ceux qui lui sont parallèles par des poutres en bois ou en fer supportant le plancher du balancier.

Les bâtis en fonte à chevalets sont très-solides, étant d'une seule pièce ; les côtés sont reliés entre eux par des croix de saint André qui maintiennent l'écartement et qui s'y trouvent boulonnés : tels sont ceux des machines à balancier de M. *Farcot.*

Dans les machines à cylindre horizontal, la suppression du balancier simplifie de beaucoup la construction du bâti. La plaque de fondation en est une des pièces principales.

Dans les machines à cylindre verticaux sans balancier, qui ne s'emploient que pour de petites forces, leur forme est très-variable. Chaque constructeur adopte pour ainsi dire une forme particulière, appropriée à son système de machine ou à sa disposition.

Dans toutes les machines, le bâti repose toujours sur une très-forte maçonnerie, et parfois l'entablement se relie par derrière à un mur vertical pour parer aux vibrations qui peuvent se produire.

Le bâti en fonte en forme de colonne creuse à évidements avec piédestal, système anglais de M. *Fairbairn*, de Manchester, que l'on peut voir au Conservatoire des arts et métiers, dans laquelle se fait le mouvement à glissières de la tige du piston, reçoit le cylindre à vapeur à la hauteur intérieure du piédestal. Le chapiteau reçoit le support de l'arbre moteur ayant à son extrémité la manivelle motrice après laquelle se suspend la bielle qui lui communique le mouvement du piston.

Dans les bâtis de machines à cylindres oscillants ou cylindres verticaux sans balancier, l'arbre moteur se trouve reporté bien au-dessus du sol et repose sur un entablement toscan ou autre à colonnes, sur lequel souvent toute la transmission se trouve prise.

Bâtis pour machines de navigation. — Les bâtis pour machines de bateaux sont montés sur les carlingues du navire. Ils ressemblent beaucoup à ceux des machines fixes ; ils comportent également la plaque de fondation, qui est la pièce la plus importante. Ces machines, devant se supporter elles-mêmes et ne reposer que sur les parties fixes et solides du navire, ont à supporter les balanciers qui se trouvent placés au bas et de chaque côté de la machine, toutes les pièces constitutives se reliant entre elles, ce qui nécessite de certaines dispositions dans le bâti. Seulement, comme la base est mobile et sujette à de très-grands efforts latéraux, toutes ces pièces, comme il est dit plus haut, ont besoin d'être reliées très-solidement entre elles afin d'éviter toutes déformations ou déplacements pendant le mouvement. Les deux grandes flasques ou parois latérales qui composent ces bâtis et qui ont à supporter à leur partie supérieure l'arbre des roues, sont reliées par des entretoises en fonte qui empêchent le rapprochement de chacune de ces parties et par des boulons en fer évitant leur écartement, afin de maintenir dans une position invariable toutes les pièces de l'appareil.

La forme de ces bâtis varie. On en a fait pour de fortes machines, ayant des formes gothiques très-élégantes et d'une grande solidité; les flasques se trouvent reliées au moyen d'arceaux ou croix de saint André traversés par de forts boulons en fer.

On emploie aussi pour bateaux des machines à cylindres oscillants où la tige du piston se trouve directement attachée au bouton de la manivelle de l'arbre moteur des roues (voir aux *Bielles*, pl. XLVII, fig. 27 et 28). Il y en a d'autres, à un ou deux cylindres inclinés, pour des forces moins grandes, où la bielle se trouve attachée d'un côté au bouton de la manivelle et de l'autre à la pièce à glissières de l'extrémité de la tige du piston, comme dans les machines à cylindre horizontal.

Les bâtis de toutes ces machines diffèrent de formes et de dispositions selon le système employé; mais, tout en recherchant la plus grande légèreté, ils doivent réunir la plus grande solidité possible, pour parer aux oscillations produites par le mouvement du navire.

Châssis de locomotives. — Il y a encore les châssis de locomotives, qui peuvent être considérés comme bâtis; ils se composent d'un cadre en fer ou en bois recouvert de tôle, supporté par les roues et reposant sur les essieux.

Ce cadre rectangulaire, en fer sur les faces longitudinales et en bois sur les faces transversales, reçoit de certaines pièces qui le relient au corps de la machine qu'il a à soutenir.

Comme pour toutes les machines, ces châssis varient de forme et de dimensions, selon le système du constructeur.

Disons, en terminant la description de ces organes principaux des machines, que les corps étant exposés à des efforts accidentels bien supérieurs à ceux pour lesquels ils ont été calculés, on devra donc leur faire subir des efforts bien inférieurs à ceux qu'ils pourraient supporter en toute sécurité.

§ II. — *Pièces diverses.*

STUFFING-BOX, TIGES, GUIDES, DOUILLES, LEVIERS, ETC.

Stuffing-box ou *boîtes à étoupes.* — Les stuffing-box sont des appareils de machines qui auraient pu être décrits parmi les pièces d'ajustement; ils sont destinés à prévenir les fuites qui peuvent arriver au passage des tiges mobiles, soit dans les cylindres à vapeur, pompes à air ou à eau, boîtes de distribution, presses hydrauliques, et elles présentent le moyen le plus simple pour remédier à l'usure que produit le frottement de deux parties métalliques et qui laissent entre elles un certain jeu.

Les boîtes à étoupes se composent de deux parties, la *boîte* et le *chapeau.*

La boîte est toujours coulée avec le cylindre dans lequel se meut la tige, et elle est d'un diamètre capable de recevoir la garniture en étoupe de chanvre qui doit envelopper la tige du piston.

Le chapeau servant à presser les étoupes renfermées dans la boîte est le plus ordinairement en bronze, et s'assemble avec la boîte au moyen de deux boulons servant à régler le serrage, qui doit être très-énergique afin d'empêcher toute fuite de vapeur ou de rentrée d'air entre la tige ou à travers l'étoupe, causée souvent par l'oscillation de la tige que le parallélogramme ne conduit pas parfaitement en ligne droite.

Il faut avoir soin de graisser souvent la garniture, et, pour cela, on a ménagé sur le couvercle du presse-étoupes un réservoir permettant de recevoir l'huile ou la graisse.

Il est important de graisser suffisamment l'étoupe, car sans cela le frottement de la tige suffirait pour la brûler.

Quant aux dimensions des deux parties du stuffing-box, elles dépendent naturellement du diamètre de la tige qui le traverse. La partie cylindrique du couvercle qui pénètre dans la boîte a pour diamètre une fois et demie celui de la tige. Le diamètre extérieur de la boîte égale trois fois le diamètre de la tige.

Tiges. — Les tiges sont des pièces cylindriques en fer ou en acier qui ont à résister soit à la traction, ou à la traction et à la pression, se calculant suivant la formule des pièces soumises à l'écrasement. Elles servent à transmettre le mouvement du piston à vapeur renfermé dans le cylindre ou de toutes autres pompes, au balancier ou autres pièces de transformation du mouvement.

Ces tiges, d'une longueur ordinaire de trois fois le diamètre du cylindre à vapeur et d'un diamètre égal au 1/10 de ce même cylindre, comme il a été dit précédemment, ont diverses manières de s'assembler, d'un côté au piston soit conique à clavette, à taraudage et écrou, ou sphérique pour obvier au gauche produit par l'alésage du cylindre, et diminuer l'usure de la boîte à étoupes, de l'autre côté par une tête disposée pour recevoir une douille en forme de T. Cette extrémité pour la partie qui pénètre dans la douille doit être d'un diamètre inférieur à la tige, afin de former embase sur le bord de la douille et faciliter le serrage de la clavette.

D'autres tiges viennent s'articuler sur divers points de la longueur du balancier, choisis en raison de l'amplitude nécessaire à leur mouvement.

Dans les machines telles que celles oscillantes où la tige du piston est directement attachée au bouton de la manivelle, elles doivent être beaucoup plus fortes en diamètre.

Guides. — Les guides sont des pièces dont l'objet est de maintenir une tige dans la ligne du mouvement longitudinal et alternatif.

Les guides sont de plusieurs espèces :

Dans les machines à cylindre horizontal, on emploie deux barres parallèles et une traverse recevant à son milieu l'extrémité de la tige à guider : cette traverse reçoit à ses extrémités des galets ou une partie carrée et polie glissant entre les barres placées de chaque côté ;

Dans les locomotives les glissoirs et glissières ;

Dans les machines verticales sans balancier des galets à gorge enveloppant deux tiges fixes et rondes.

Ces divers systèmes doivent être à frottement doux, afin de diminuer autant que possible les pertes de force.

Douilles. — Les douilles servent à l'assemblage de deux tiges dont l'une captive traversant un presse-étoupes, se fixant soit à vis ou à clavette dans la douille, l'autre libre venant s'attacher dans la fourchette de la douille.

La douille peut être à tête simple ; c'est alors que la tige libre possède à son tour une fourchette pour l'assemblage à charnière.

L'épaisseur de la douille autour de la tige doit toujours être le 1/4 du diamètre de cette dernière.

Pour la fourche, l'épaisseur autour du passage du boulon d'assemblage à charnière de la tige libre doit être les 3/5 de son diamètre, son épaisseur les 3/4. La distance entre les branches égale son diamètre fort. Pour les têtes simples la largeur seule varie ; on la fait de 1 fois 1/4 à 1 fois 1/2 de son diamètre.

Charnière. — Les charnières diffèrent des douilles en ce qu'elles sont forgées avec l'une des tiges, et elles représentent, pour ainsi dire, une tête de bielle à fourche ou sans fourche, moins les coussinets. Elles servent à réunir deux tiges carrées ou cylindriques, ayant des mouvements différents.

Les proportions sont à peu près les mêmes, par rapport à la tige que pour les douilles.

Il y a encore dans les assemblages des tiges les T qui servent à les fixer d'équerre avec des axes, comme dans les parallélogrammes pour l'assemblage de l'extrémité de la tige du piston à vapeur et de celle de la pompe à air.

La largeur de la tête du T qui enveloppe l'axe doit avoir trois fois le diamètre de la tige assemblée.

Leviers. — Les leviers ne sont autres que des manivelles ou des balanciers, selon qu'ils possèdent une ou deux têtes. Dans les premières, la transmission du mouvement se fait d'une tête à l'autre, et l'arbre n'a qu'à résister.

Dans les seconds, il y a transmission du mouvement de la tête du levier à l'arbre, qui alors subit un effort de torsion. (Voir, pour les dimensions, aux *manivelles* et *balanciers*.)

§ III. — *Ensembles de communications et transmissions de mouvement.*

ÉTABLISSSEMENT D'INDRET.

PLANCHE A.

La figure 1re représente une coupe longitudinale, suivant la ligne 1-2 du plan figure 2, de l'une des parties d'un bâtiment de l'établissement de la marine à Indret près Nantes (Loire-Inférieure), dirigé par M. *Émile Martin*.

La figure 2 est une coupe horizontale suivant la ligne 3-4 de l'élévation figure 1.

Légende descriptive.

A, Atelier de montage.

a, Étaux.

b, Armoires à coulisses dans les établis.

c, Meule mise en mouvement par l'arbre moteur.

B, Atelier des tours et ajustage.

d, *d*, Arbre premier moteur.

e, *e*, Arbre de renvoi de mouvement aux huit bancs de tours fixés entre les douze colonnes.

f, Tour à vitesse variable.

g, Bâti-support de l'arbre du tour et des roues.

h, Bâti de tour avec la poupée et son support.

i, Fosse et emplacement du plus fort des tours.

j, Tour parallèle, machine à fileter.

k, *k*, Huit bancs de tours pareils fixés entre les colonnes.

l, Établis avec armoires à coulisse et étaux semblables à ceux de l'atelier de montage.

m, Plancher des établis.

C, Grenier de l'atelier des tours et ajustage.

D, Chambre de la machine à vapeur de la force de douze chevaux (système de feu M. *Gengembre*), marchant à trois atmosphères et à expansion variable à volonté.

n, Cylindre à vapeur.

o, Pompe à air et condenseur.

p, Pompe alimentaire et pompe à eau froide.

E, Chambre au-dessus de celle de la machine à vapeur.

q, *q*, Pièces de fonte qui supportent les paliers de l'arbre moteur.

r, Colonne supportant l'arbre moteur.

F, Atelier d'alésage.

s, Machine à aléser les grands cylindres.

s' Machine semblable, mais plus petite.

G, Chambre de la chaudière à vapeur,

t, Chaudière à vapeur.

u, Soupape de sûreté.

v, Flotteur indicateur du niveau dans la chaudière.

x, Fosse pour arriver aux carneaux de nettoyage.

Il a été donné, dans les planches précédentes, un accouplement à joint brisé ainsi que l'arbre premier moteur employés dans cet établissement.

MOULIN A BLÉ DE BOISSY-LA-RIVIÈRE.

PLANCHE B.

La figure 1 représente une coupe longitudinale faite suivant la ligne 3-4 de la figure 2 du moulin à blé (système américain) de M. Roinjeau, à Boissy-la-Rivière, construit par M. *Feray* et compagnie, d'Essonne.

La figure 2 est une coupe transversale faite suivant la ligne 1-2 de la figure 1 et passant par l'axe vertical et principal.

Légende descriptive.

A, Roue hydraulique, dite roue de côté, portant 36 augets, communiquant son mouvement aux quatre paires de meules que contient ce moulin, et dont la force moyenne est de vingt chevaux; elle est montée sur un arbre en bois et marche avec une vitesse de trois tours et demi à quatre tours par minute, sous une chute d'eau de 1 à $1^{m},20$; sa longueur est de $3^{m},800$.

B, Grande roue en fonte à dents de bois, montée à l'extrémité de l'arbre polygonal de la roue hydraulique.

C, Pignon commandé par la grande roue B.

D, Roue d'angle verticale montée sur l'arbre en fonte prolongée, du pignon C; cette roue porte 96 dents en bois.

E, Pignon conique monté sur la partie inférieure de l'arbre principal et commandé par la grande roue d'angle D.

F, Arbre vertical communiquant le mouvement aux meules et aux divers appareils renfermés dans l'établissement.

G, Grand rouet ou *hérisson* fondu d'une seule pièce, dont la vitesse est de trente révolutions par minute, commandant à la fois quatre pignons placés sur les arbres ou fers des meules courantes.

H, Récipient circulaire mobile dans lequel tombe la mouture en sortant des meules.

I, Anches qui conduisent la mouture dans le récipient.

K, Étui vertical renfermant une *noria* qui prend la mouture du récipient pour la conduire jusqu'à l'étage le plus élevé

L, Auge horizontale placée au sommet de l'étui K, et dans lequel se meut une vis à palettes qui amène la mouture jusque dans la chambre M.

Cette vis et le tambour sur lequel passe la chaîne à godets reçoivent leur mouvement d'une poulie *a* qui commande deux autres poulies semblables *a' a"*. Cette dernière communique avec celle placée sur l'axe de la vis. — *b* roue d'angle montée sur le même axe que la poulie *a*; elle engrène avec la roue *b'* placée au sommet de l'arbre vertical F.

N, Treuil ou *tire-sac.* — b'', roue d'angle semblable à la roue b, et engrenant comme elle avec la roue b'. Son axe porte une poulie c pour communiquer le mouvement à une autre poulie c' qui fait corps avec le treuil N.

O, Grande trémie à grains commençant au niveau du plancher du quatrième étage, et descendant jusqu'à la machine à émotter.

P, *Émotteur* ou machine propre à enlever les grosses pailles, les mottes de terre renfermées dans le blé, recevant son mouvement d'une poulie montée sur l'arbre d. — e, poulie transmettant son mouvement à une autre poulie placée sur l'arbre du tarare.

R, R' *Ramonerie* double, composée d'une paire de meules en grès. — f, f', poulies d'égale diamètre, destinées à transmettre le mouvement à la ramonerie; elles sont commandées par des poulies plus grandes, placées sur l'arbre horizontal d. — f''', poulie qui fait marcher le ventilateur de la ramonerie R; elle est mise en action par l'arbre qui porte la poulie f. — g, roue d'angle fixée sur l'arbre principal F commandant une autre roue placée sur l'arbre horizontal d portant toutes les poulies nécessaires pour donner le mouvement aux diverses machines à nettoyer le grain.

S, *Crible-sasseur* pour enlever les petites graines étrangères et nuisibles au blé. — h, h', deux poulies qui mettent en action les marteaux destinés à frapper sur les cribles; celle h' est commandée par une autre poulie placée sur l'arbre horizontal d des poulies des machines à nettoyer. — i, trémie dans laquelle se rend le blé nettoyé en sortant du crible-sasseur. — k, k, tuyaux qui conduisent le blé de la trémie aux meules.

T, Conducteur des gruaux aux meules; c'est un prisme incliné, composé de planches de sapin, qui s'élève jusqu'au plancher du troisième étage. — l, la roue d'angle montée sur l'arbre F, pour servir à communiquer le mouvement aux bluteries; elle engrène avec un pignon que porte l'arbre horizontal m. La poulie montée sur cet arbre est mise en communication avec la poulie n par une longue courroie indiquée en ponctués fig. 1, à laquelle on fait subir un changement de direction au moyen de deux rouleaux de frictions.

U, U' Deux *bluteries* à farine renfermées dans des coffres de sapin. — o, conduits qui amènent la mouture aux bluteries.

V, *Élévateur* de la mouture aux bluteries; il reçoit son mouvement de poulies et engrenages d'angle.

X, *Distributeur* de la mouture dans l'élévateur; il est surmonté d'un grand conduit en toile communiquant avec la chambre M. — p, poulie destinée à mettre en agitation l'auget de l'alimenteur X. — *q*, *q*, conduits par lesquels la farine mêlée de gruau descend des bluteries.

Y, Bluterie à son, renfermée dans un grand coffre divisé en cinq compartiments.

Z, *Élévateur* des résidus au blutoir à son ; il est commandé par son tambour inférieur, dont l'axe porte deux poulies pour être mis en mouvement par l'une des bluteries U, U'.

A', Chambre à sons.

B', Grande chambre destinée à recevoir toute la belle farine sortant du premier casier des bluteries. — *r*, cylindre creux en bois, dans lequel passe la farine qu'on laisse sortir de la chambre B' pour la recevoir dans des sacs et la livrer au commerce. — *s*, *s*, cheminées en zinc placées au-dessus des anches I, I, pour servir à l'évaporation qui se dégage de la mouture. — *t*, *t*, coffres en zinc, dans lesquels se dépose la partie de la farine qui s'est évaporée.

C'. *Indicateur à force centrifuge* prenant son mouvement de l'arbre F.

L'arbre en bois de la roue hydraulique, l'arbre vertical et principal en fonte, le grand rouet monté sur ce dernier arbre, et le manchon d'embrayage ont été représentés dans la première et la deuxième partie de cet ouvrage.

DISPOSITION GÉNÉRALE DES MACHINES DITES DE PRÉPARATION DANS L'ÉTABLISSEMENT D'OURSCAMP.

PLANCHE C.

La figure 1 représente l'élévation en coupe verticale suivant la ligne 1-2 du plan figure 2, montrant à tous les étages la disposition du mécanisme transmettant le mouvement aux diverses machines de l'établissement. Cette coupe passe par le canal souterrain dans lequel se trouvent les arbres de couche pour la communication du mouvement dans l'usine.

La figure 2 est le plan du rez-de-chaussée montrant la place occupée par toutes les machines. Les cardes se trouvent d'un côté, l'étirage au milieu, et les bancs à broches en gros et en fin de l'autre côté.

La figure 3 est une coupe horizontale suivant la ligne 3-4 passant par le canal souterrain.

Les arbres de couche recevant le mouvement de la machine à vapeur se trouvent représentés dans cette vue.

Légende explicative.

A, Cardes occupant un côté du rez-de-chaussée.

B, Étirages placés au milieu de l'usine.

C, Bancs à broches en gros occupant l'autre côté.

D, Bancs à broches en fin.

E, E' Arbres de couche recevant le mouvement de la machine à vapeur. Ces deux arbres, quoique tournant dans un sens différent, font malgré cela mouvoir les arbres verticaux I, I dans le même sens.

F, Arbre communiquant le mouvement de la machine à vapeur aux arbres E, E' par l'intermédiaire des roues d'angle G, H et H', qui le communique à son tour aux cinq arbres verticaux I, I au moyen d'autres roues d'angle *a* et *b*.

I, I, Arbres verticaux au nombre de cinq, reposant sur des ponts à crapaudine sous lesquels passent les arbres de couche. Ces arbres sont maintenus par des coussinets fixés au mur, et leur jonction bout à bout s'effectue au moyen de manchons, tels qu'il en a été décrit dans la première partie de cet ouvrage.

K, Tambours horizontaux donnant le mouvement aux machines du rez-de-chaussée. Ces tambours ne sont représentés que par leur axe, afin d'éviter la confusion; ils sont mis en mouvement par les roues d'engrenage d'angle *c* et *d*.

Nous donnerons plus loin le rapport des vitesses de toutes ces roues.

Les bancs à broches et les étirages reçoivent leur mouvement du même tambour L, dont les axes ne sont aussi qu'indiqués.

Les courroies qui transmettent le mouvement passent sur des poulies de renvoi disposées de manière à prendre la direction des courroies aux étages supérieurs. (Voir cette poulie, planche XXXIX, fig. 5 à 8.)

Les *mull-jenny* reçoivent leur mouvement des rouages *e*, *f* et des tambours N, P, semblables à ceux du rez-de-chaussée.

La machine à vapeur de cet établissement, placée en S, est de la force de 54 chevaux. Comme l'on compte ordinairement 500 broches par force de cheval, il s'ensuit que l'établissement devrait être de 27,000 broches, tandis qu'il n'est que de 25,000. Le surplus de la force est employé à faire marcher ces machines, à doubler et à tordre le fil de coton.

Le volant de cette machine porte $7^m,50$ de diamètre et tourne avec une vitesse de 17 tours à la minute. Son arbre porte une roue d'engrenage de 3 mètres de diamètre ayant 152 dents et conduisant une autre roue R de 68 dents calée sur l'arbre de couche F. Il s'ensuit que cette roue fait 38 tours à la minute.

La roue d'angle G, placée à l'autre extrémité de ce même arbre F, a 72 dents et engrène avec celles H et H', armées de 60 dents, ce qui donne une vitesse de rotation aux arbres de couche E, E', de 45,60 tours par minute.

Sur les arbres E, E' sont placées cinq roues d'angle *a* de 63 dents qui mènent les roues d'angle horizontales *b* de 42 dents calées sur les arbres verticaux I, auxquels elles donnent une vitesse de 68,40.

Pour les *cardes*, les arbres verticaux ont en *c* des roues de 63 dents conduisant celles *d*, qui en ont 52, et qui sont montées sur les arbres des tambours K.

Les tambours ont une vitesse de 82, 87 et 57 millimètres de diamètre, les poulies jumelles des cardes 35; vitesse du gros tambour des cardes, 130.

Pour les *étirages*, les roues *c* de 63 dents conduisent celles *d* de 52 dents montées sur les arbres horizontaux, dont la vitesse est de 82,87.

Les roues *m* ont 63 dents, et celles *n* placées sur les tambours 52 ; la vitesse de ceux-ci est de 100,40.

Ces tambours, ayant $0^m,54$ de diamètre, font faire aux poulies jumelles des étirages qui ont $0^m,225$, 243, 40.

Pour les *bancs à broches*, les tambours qui font tourner les étirages font aussi tourner les bancs à broches.

Les poulies jumelles des bancs à broches en gros ayant $0^m,35$ de diamètre, donnent une vitesse de 154.

Enfin les poulies jumelles des bancs à broches étant de $0^m,295$, leur vitesse égale 182,54.

Pour les *mull-jenny*, les roues *e*, montées sur les arbres verticaux, ont 63 dents, les roues *f*, qu'elles conduisent, en ont 52. La vitesse de ces dernières roues et de leurs tambours est de 82,87.

Ces derniers tambours, ont $0^m,97$ de diamètre et conduisent avec des courroies les tambours N P, qui n'ont que 0,65. Ces derniers font 124,30.

Les poulies jumelles des *mull-jenny* ayant $0^m,35$ de diamètre font 229,50.

Nous avons emprunté tout ce qui précède sur l'établissement d'Ourscamp à un ouvrage sur la filature et le tissage du coton, publié, par ordre du ministre de l'intérieur, par M. *Le Blanc*.

FIN.

www.ingramcontent.com/pod-product-compliance
Ingram Content Group UK Ltd.
Pitfield, Milton Keynes, MK11 3LW, UK
UKHW021105290826
14628UKWH00014B/658

9 782013 413923